LA ESCANDALOSA, PERO DISCRETA ESTUPIDEZ HUMANA

Luis C. López

BARKERBOOKS

BARKERBOOKS
LA ESCANDALOSA, PERO DISCRETA ESTUPIDEZ HUMANA
Derechos Reservados. © 2024, **LUIS C. LÓPEZ**

Edición: Alexis González | BARKER BOOKS®
Diseño de Portada: Armando Saint-Marin | BARKER BOOKS®
Diseño de Interiores: Armando Saint-Marin | BARKER BOOKS®

Primera edición. Publicado por BARKER BOOKS®

I.S.B.N. Paperback | 979-8-89204-889-7
I.S.B.N. Hardcover | 979-8-89204-890-3
I.S.B.N. eBook | 979-8-89204-888-0

Derechos de Autor - Número de control Library of Congress: 1-13907651651

Barker Publishing, LLC
Los Angeles, California
https://barkerbooks.com
publishing@barkerbooks.com

*"La mejor manera de esconder algo a los ojos humanos
es ponerlo justo a la vista de todos"*

Dedicatoria

Igual que en la anterior exposición, *La Pobreza Espiritual Voluntaria*, que ha sido una gran bendición, debo reiterar, que siempre viviré agradecido con mi Padre Celestial, quien con sus bendiciones y lo abundante de su gracia, me permite seguir interactuando con los demás; haciendo que mi pequeña aportación, dirigida por Él, sea de bendición para todo el que lea, entienda y razone con este trabajo; también, gracias a mi esposa, mi padre, familia y amigos por su gran apoyo, críticas y contribución voluntaria e involuntaria que, en ocasiones, me han inspirado con sus acciones, palabras e ideas. Este libro es para ustedes de todo corazón.

También me gustaría recordar al lector que no pretendo convencer a nadie de nada, solo escribo para que todos los que sienten y piensan como yo, quienes sentimos y pensamos diferente, sepamos que no estamos solos. Él lo prometió**.**

Gracias, Señor, por el milagro de Sonia.

Amén
En el nombre del Padre, del Hijo y del Espíritu Santo.

Introducción

El ser humano, en su afán de grandeza, alteró las enseñanzas divinas y en su pervertida arrogancia, "creó a Dios a su imagen y semejanza". Jugó a ser un dios y perdió el rumbo para siempre. Luego se lamentó diciendo: "Así son los designios de Dios". En vez de reconocer su falta, buscó un culpable. Algunos podrían preguntarse: "¿Hasta dónde vamos a parar? Con esta ofensiva e irracional actitud, cayendo persistentemente en semejante aberración, anteponiendo el poder y el dinero, olvidándonos de los demás y de nosotros mismos, ignorando por conveniencia el mal que provocamos. Damos un lugar de repuesto y acomodamos a nuestra conveniencia la palabra de Dios".

Debo confesar que, al principio, *La escandalosa, pero discreta estupidez humana* me pareció un título demasiado agresivo. Incluso lo consulté con algunos hermanos y amigos, la mayoría estuvo de acuerdo en que podría resultar un poco agresivo para ciertas personas. Entonces, me di cuenta de que, si no habíamos aprendido nada todavía, el título estaba más que justificado; así pues, considero que, desde el principio, estaba en lo correcto. Lo siento (no, no es verdad, es broma, en realidad no lo siento). Aunque yo soy parte integral del concepto, solo espero, de todo corazón, que aún no sea tarde y lleguemos a reaccionar antes que perdamos la oportunidad que Dios nos está brindando. *Busquen al SEÑOR mientras puede ser hallado[1].*

Hace muchos años, al escuchar: "¡Oye Israel!", era más que suficiente para que todos pusieran atención. ¿Por qué? Porque todos sabían que Dios usaba esas palabras para dar una orden, una advertencia o una noticia. Decía: **"Oye Israel, ¡pueblo mío, escucha!"**. Y la mayoría de la gente prestaba atención. Claro, en aquel tiempo no había radio, televisión, cine ni redes sociales. La mente de las personas no estaba tan contaminada como hoy en día. En ese entonces bastaba con escuchar **tal llamado** y todos acudían.

En los últimos tiempos el poner atención es más difícil, nos da flojera y más cuando alguien nos quiere abrir los ojos a la realidad. Con el simple hecho de mencionar a Dios, se agachan las cabezas, se desvían las miradas o se esboza una ligera sonrisa burlona. Algunos, por cortesía, te ponen cara de inteligente y fingen ponerte atención. Pero seguramente a tus espaldas te critican y a veces te sacan la vuelta para evitar hablar contigo. Vivimos en una cultura donde el envase es más importante que el contenido, donde el físico es más relevante que el intelecto (la modernidad nos define); donde la fiesta es más significativa que el motivo de la celebración y donde el funeral es una reunión, donde el muerto es simplemente otro invitado más. Vivimos en un mundo donde ves gente muy hermosa, pero no saben cuántos es dos más dos; o al contrario, otros que saben que dos más dos son cuatro y les da mucho coraje porque no pueden argumentar nada.

Escuché en algún lado que "Cuando alguien nos presta su atención para cualquier cosa, nuestro deber y responsabilidad es devolver esa atención enriquecida"[2].

---

1 Isaías 55-5.
2 Anónima.

¿Ya tengo tu atención? Voy a procurar devolvértela enriquecida, en dos partes

"La mejor manera de esconder algo a los ojos humanos es, ponerlo justo a la vista de todos"[3].

¿Desde cuándo los muertos caminan?

El título puede ser sin duda subyugante, tal vez fantasioso, pero interesante. Nos hace pensar inmediatamente en una conocida saga de películas o una serie de televisión, algo que nos han hecho creer que es "ciencia ficción" y que por lo tanto es irreal, solo entretenimiento o diversión; pero ¿lo es? Seguramente todos hemos oído en repetidas ocasiones el famoso refrán: "la realidad supera la ficción", el cual se usa coloquialmente para hacer notar lo increíble de una situación cotidiana que se ha vuelto asombrosa, insólita o anormal.

---

3 La carta robada. Edgar Allan Poe.

Por eso, en esta ocasión el autor pregunta ¿desde cuándo los muertos caminan? Y en su respuesta nos muestra que los muertos que caminan ya tienen buen tiempo interactuando entre los vivos, y que además, son mayoría en el mundo. Lo irreal es que, aunque sus acciones no son como las plantean en la serie de ficción, la verdad es que son otra especie de zombies, ya que no lucen como se cree, es decir, no andan con la piel despellejada, caminando lento y chueco, y vestidos con harapos... En fin, no son los horribles y asquerosos monstruos como los ponen en las películas, (aunque sí les han comido el cerebro y ellos también lo comen).

Sin darnos cuenta, el mundo ya está infestado de ellos. Solo que no han sido infectados con un virus que los convierte en seres horribles físicamente, (aún no, solo por dentro), sino por el contrario, ellos lucen como una persona común de acuerdo al estatus social, cultura y tradición de cada lugar.

Por eso se hace énfasis que "la mejor manera de esconder algo a los ojos humanos es, ponerlo justo a la vista de todos", así ha sucedido por siglos y podemos asegurar que esta ignorancia voluntaria es por la apatía o desidia para confirmar la información que nos presentan como oficial o relevante.

Este trabajo es sugerente, pues pretende ayudar al lector a estar alerta y a no dejarse influir (morder) por los nuevos zombies (contaminantes humanos o entes espirituales enemigos de Dios); y cuando se habla de estar alerta, me refiero a volverse muy observador y poner atención en todo lo que se escucha y se ve, a no creer todo lo que nos dicen, siempre debemos comprobar por nosotros mismos cualquier hecho que nos pongan enfrente, pues, aunque nos presenten el futuro muy bonito, solo las promesas de Dios son verdaderas y sin duda se cumplirán. *Ojo, la promesa mayor es la salvación y vida eterna*.

Al mismo tiempo y mirando las señales que nos indican en dónde estamos situados, y creyendo lo que la palabra de Dios dice, este podría significar nuestro último viaje de vida; es decir, es hora de mirar para qué lado se inclina la balanza de nuestras vidas y saber identificar cuál es el lado bueno y malo de lo que hemos vivido, estamos viviendo y vamos a vivir. A dónde vamos o cuál es nuestro destino final. En ese sentido, ¿cómo nos conviene hacer este último viaje?

Mi casa está en el cielo,
solo estoy de viaje por este mundo.

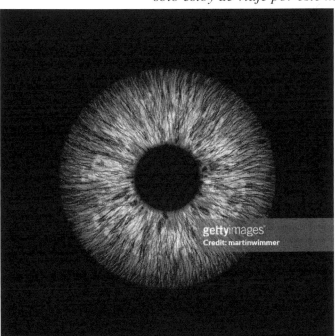

"Sasoc sal ratluco ed amrof aneub anu
Sodot ed atsiv al a otsuj salrenop se"[4]

---

4 Se sugiere realizar una lectura estilo da Vinci, es decir, al revés.

Esta vez te reto a que aprendas a pensar por ti mismo

Al escribir este ensayo, lo hago con tristeza y con el convencimiento absoluto de que los seres humanos no estamos preparados para vivir en una verdadera armonía de acuerdo al corazón de Dios. Lastimosamente, nos hemos dedicado a vivir ensimismados, sin tomar en cuenta uno de los mandamientos más importantes que nos enseñó nuestro Señor: **"Amaos los unos a los otros"**. No podría decir que hemos sido egoístas, sino ciegos, pues nuestra naturaleza nos impide ver más allá de lo normal. Es decir, vemos la vida sin observar la vida.

Nos han adoctrinado con religiones, sectas, costumbres y dogmas bajo el concepto de que todos nacimos siendo pecadores por herencia; y es verdad, pero también es cierto que nos hemos conformado y nos hemos quedado con ese título sin hacer nada para deshacernos de él. Desde la terrible tragedia ocurrida en el jardín del edén, hasta hoy, el ser humano ha vivido ciego y ha tomado equivocadamente la bandera de la "ley del más fuerte", o sea, culpando a otros por su propia y voluntaria desgracia. Nunca nos hemos fijado quién está detrás de todas esas acciones erróneas que la humanidad ha tomado; desde la más simple, como pelear con nuestro pequeño entorno, como contender para destruir el mundo. Nunca vemos o ignoramos cómo Satanás nos aconseja actuar así. Nuestra mejor arma es la información y qué mejor fuente que la palabra de Dios.

Capítulo único

La escandalosa estupidez humana

Desperté con la impresión de haber dormido más de ocho horas, sin sueño, sintiendo haber descansado muy bien y con energía para levantarme e ir a trabajar. Miré el reloj y marcaba las tres de la mañana, decidí quedarme en cama, luego intenté volver a dormir, cerré mis ojos y empecé a ver cosas extrañas, sabía que estaba despierto, pero no podía abrir los ojos. Muchas cosas me daban vueltas en la mente. Finalmente, me levanté directo a mi ordenador y empecé a escribir todo lo que había visto en ese corto periodo de tiempo.

El hombre es producto de circunstancias, dime de dónde viene y cuál es tu información y te diré tus circunstancias.

Lo que les voy a contar podría sonar raro o tal vez ofensivo para muchos, pero no se puede tapar el sol con un dedo. Me refiero a **la escandalosa, pero discreta, y aparentemente desapercibida, estupidez humana.** (O para no ser grosero: la torpeza notable para comprender y asimilar las cosas). Para algunos sonará insultante y creo que es lógico, a nadie le gusta que le ventilen sus errores y le digan sus verdades, ya que se provocan sentimientos y emociones que incomodan, aunque en pocas ocasiones también nos invitan a la reflexión.

Aunque la creación de Dios es perfecta, nosotros nos hemos encargado de distorsionarla y acomodarla a lo que creemos que "es lo mejor para nosotros"; se ha respetado y consecuentando la oligarquía en todos los aspectos de la vida, así como hemos dejado que nos manipulen y que nos infecten con una miopía física, emocional y espiritual. Todo porque nos da flojera buscar y entender, *"información y la verdad"*. Hay una frase poco conocida que llamó mi atención, no me queda otra más que estar de acuerdo. **"Solo hay dos cosas infinitas, *el universo y la estupidez humana*, y no estoy muy seguro de la primera"**[5].

¡Un hombre que no piensa y planifica su futuro encontrará problemas desde su propia puerta![6] El verdadero conocimiento es conocer la extensión de la propia ignorancia. Es bueno saber que investigamos no para saber más, sino para ignorar menos. Recordemos que "por falta de información, el pueblo perece" y eso aplica en todas las áreas de la vida del ser humano, nadie lo puede negar y si lo hiciere, demostraría una profunda y aberrante ignorancia.

Solo la risa y la conciencia nos hace diferentes

Científicamente, el hombre es un animal de costumbres[7]; así se confirma lo que ya muchos sospechaban: el ser humano es un animal de rutinas en sus movimientos, ya que se limita a ir y volver de un reducido número de lugares. La razón por la cual el hombre es un ser social, más que cualquier animal gregario, es evidente. La naturaleza, como decimos, no hace nada en vano, y el hombre es el único animal que tiene palabra. Pues la voz es signo del dolor y del placer, y por eso la poseen también, los demás animales, pero la palabra es para manifestar lo conveniente y lo perjudicial, así como lo justo y lo injusto.

No se necesita ser uno de los grandes genios, ya sean filósofos antiguos, profetas, poetas o los nuevos pensadores de mente abierta,

5 Albert Einstein (Premio Nobel de Física en 1921).
6 Confucio.
7 Charles Dickens e investigadores de la Northeastern University de Boston (EE. UU.)

para darse cuenta de que efectivamente somos lo más parecido a un animal dependiente de costumbres, tradiciones, enseñanzas y rutinas; que pocas veces nos detenemos a investigar a fondo si todos esos conceptos son realmente lo que necesitamos o es lo que nos han impuesto por siglos, para alejarnos del verdadero propósito que Dios nos ha encomendado, es lo que la religión nos impuso a temer como los "misterios de la vida" y nos sembraron el miedo a buscar, ya que nos enfrenta con la verdad, nuestra vergüenza y nuestro pecado.

Si bien es cierto que hay que deshacernos de la basura mental que por años se ha estado acumulando y pudriendo en un rincón de nuestro ser, también es verdad que en la vida no necesitamos reciclar nuestra mente o nuestros recuerdos, pues Dios no da una nueva historia todos los días. Una cosa es ver el pasado como experiencia y aprendizaje, a verlo como recuerdo martirizante y acusador. Bien lo dice el Señor en su palabra: ***"Y no os adaptéis a este mundo, sino transformaos mediante la renovación de vuestra mente, para que verifiquéis cuál es la voluntad de Dios: lo que es bueno, aceptable y perfecto"***[8].

"Yo solo sé que no sé nada o solo sé que nada sé"[9] es una frase que se le atribuye a un filósofo griego. Creo que todos conocen esta máxima donde el filósofo advierte que él es consciente de su propia ignorancia. Esto nos indica que los tiempos cambian, pero las personas siguen extraviadas. Por eso es bueno averiguar qué es lo nuestro y abocarnos a diseñar una estrategia adecuada y ser valientes para realizar los cambios necesarios, con el fin de que las cosas funcionen, no de acuerdo a nuestra voluntad, sino de acuerdo a la voluntad divina.

Sabemos que no es nada fácil romper rutinas y costumbres, se necesita fuerza de voluntad, pues toma tiempo y esfuerzo para

---

8 Romanos 12;2.6
9 Filósofo griego Sócrates (470-399 a. de C.).

aprender a desaprender, pero vale la pena intentarlo, porque se dice que "si modificamos lo que estamos haciendo, los resultados serán diferentes", eso aplica en la familia, el trabajo en la comunidad la iglesia, en **tu oración**. Por tal razón, la búsqueda de una buena información es esencial para nuestro desarrollo, sin duda una de las más creíbles y mejores fuentes es la Biblia[10], la cual, a pesar de haber sido escrita hace cientos de años, es infinitamente más actual y vigente que el periódico de mañana en la mañana. Esa es una gran verdad que nadie puede negar, y si lo hiciere, solo demuestra su enorme y tóxica ignorancia.

Dicho sea, con todo respeto, así es *la escandalosa, pero muy discreta estupidez humana.* Es muy importante ser consciente y pensar en el futuro dependiendo de Dios.

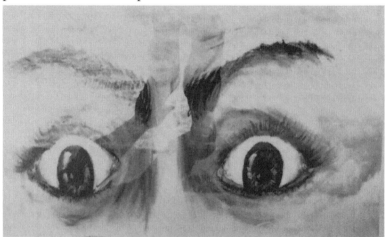

"La mejor forma de disimular algo ante los ojos humanos es, ponerlo justo a la vista de todos"

---

10 Oficina fernandocasanova.org.

¿Realidad o ficción?

La revelación de Jesucristo, que Dios le dio, para mostrar a sus siervos las cosas que deben suceder pronto[11].

Todo aquel que haya leído el anterior versículo, se habrá preguntado alguna vez si esto es realidad o ficción. Desde hace ya cierto tiempo se empezó a especular, con algunas conspiraciones extrañas, en torno al concepto de que un nuevo orden mundial estaba ya en marcha, además era inevitable. "Una **conspiración** es un entendimiento **secreto** entre varias personas (militares, grupos armados y civiles), con el objetivo de derribar el poder establecido, o con vista a atentar contra la vida de una o varias personalidades (autoridades, o pueblos), para así perturbar el funcionamiento de una estructura legal establecida"[12].

Pero todo este mitote siempre lo han manejado con una gran destreza, tratando de estacionar a varias generaciones en el dilema de si es una realidad o solo es ficción. Nunca se ha afirmado ni negado nada, lo que nos pone a todos en un limbo inducido con toda la intención de crear un letargo emocional y espiritual que no nos permita saber a ciencia cierta lo que realmente está pasando.

Aquellos que manejan este movimiento han aprovechado el clima social o político, a la vez que lanzan el reto para crear una falsa competencia intelectual entre las personas; crean el debate y la confrontación, por ende, la desinformación y la ignorancia. Retan al mundo a adivinar cómo, cuándo y dónde se realizará algún evento que aparentemente nadie sabe lo que es.

11Apocalipsis 1 Reina- Valera.
12 Real academia de la lengua española.

Conforme las generaciones han ido cambiando, también las estrategias han sido adaptadas a las circunstancias, las culturas y los tiempos. La historia dice que en el pasado se hablaba de adivinos, pitonisas, horóscopos, el tarot, el libro chino de "Ching"[13] El Oráculo, "en la antigüedad era la respuesta que una deidad daba siempre a través de un intermediario en un lugar sagrado" pero de manera inteligente no excluían a los relacionados con Dios o sea los profetas, (aquellos que hablaban de parte de Él).

Hoy día, la estrategia se ha reforzado y la ofensiva la vemos en todos lados de todas formas y con más partidarios que nos quieren hacer creer que debemos adaptarnos a la nueva y fantástica *era plena de libertad*. Todo con la idea de minimizar el poder de la palabra de Dios y pretender ponerlo como una historia bonita, pero con un toque de ficción; entonces nos ofrecen alternativas legalmente jus-

---

13 Real academia de la lengua española.

tificadas, muy convenientes para nuestro ya de por sí inducido o tal vez voluntario letargo espiritual y emocional.

Decía que habría varias formas de controlar a las personas, inclusive se señalaba que era profecía bíblica y que los gobiernos mancomunados con las religiones, poco a poco lo estaban poniendo en práctica, el nuevo orden mundial ya estaba en marcha. Las medidas adoptadas no solamente son las mejores en su variedad, sino que habían sido dirigidas con la más absoluta perfección.

Podemos decir, sin temor a equivocarnos, que hay muchas otras verdades mezcladas y que solo son reales dentro de los límites de la correlación; es decir, el mundo material abunda en estrictas semejanzas con el inmaterial, y ello ajusta de verdad al dogma elocuente, según el cual la comparación o el símil sirven tanto para reforzar un argumento, como para embellecer una descripción.

Algunos ejemplos son: las nuevas expresiones que, con el pretexto de la modernidad, pretenden con maquinaciones solapadas confundir y cambiar el contenido de la realidad. Sin mencionar el argumento corrupto de los llamados **derechos humanos** que se han desvirtuado al máximo con el concepto del **humanismo**; "actitud vital basada en la concepción de un sistema de creencias centrado en las necesidades de la sensibilidad y la inteligencia humana que puede satisfacer a las personas sin tener que aceptar la existencia de Dios, las religiones y manejar a conveniencia la ética y los valores"[14]. Sin olvidar la filosofía de ocasión, la cual asegura que, más allá de todo, existe tu verdad, mi verdad, la verdad de los demás y la verdad.

Pero debemos tener siempre en nuestra mente y nuestro corazón que "La verdad triunfa por sí misma, la mentira necesita testigos para lograrlo"[15]. La primera misión del hombre es despojarse de

---

14 Real academia de la lengua española.
15 Epicteto.

todo engreimiento. Pues es imposible que uno aprenda lo que cree que ya sabe.

Doctrinas de conveniencia

Un gran porcentaje de personas, en algún momento de sus vidas, se ha preguntado acerca de las numerosas y contradictorias doctrinas que peregrinan por el mundo en el nombre de Dios. Un compositor guatemalteco dice en una de sus canciones "En el mundo hay más religiones que niños felices", y argumenta, "¿qué haces hermano leyendo la Biblia todo el día, y no haces nada? Ahí se habla de amor, anda, ve y practícalo"[16]. Creo que tiene razón porque si no entendemos el concepto, estamos perdidos.

La religión es un gran acopio de declaraciones contradictorias y es una selva con sendas demasiado cerradas aún para la mayoría de la gente educada que ni siquiera considera buscar refugio en ellas. Cuando llegamos a ser lo suficientemente inteligentes y examinamos una iglesia o religión al lado de la otra, podemos ver los argumentos y nos damos cuenta de que no puede ser que ambas tengan la razón, ya que se contradicen entre ellas.

16 Ricardo Arjona.

Una vez que hemos examinado a tres o cuatro, empezamos a dudar si alguna de ellas tiene la razón, y decimos: "¡Pero espera un segundo! ¿Qué sucede si no son sinceros? ¿Qué pasa si cada religión está llena de gente que busca mentiras en vez de la verdad? ¿Qué pasa si los que buscan la verdad progresiva y naturalmente se atraen los unos a los otros?". Es ahí donde los cristianos valientes deben demostrar de qué están hechos, y emplear la ética y los valores como carta de presentación.

Es mejor tener una relación directa con Jesucristo, que ser parte de una religión insípida, pendenciera, que pregona la palabra de Dios; que no obedece los valores como referencia heredada y evitan proclamar los verdaderos principios de la creación e ignoran lo más importante que está escrito en el buen libro: **"Dios dijo. Dios hizo. Dios miró. Dios ordenó"**. Pero el que persevere hasta el fin, ese será salvo.

Dogma

Es el conjunto de creencias de carácter indiscutible y obligatorio; es el punto esencial de una religión, una doctrina o un sistema de pensamiento que se toman por ciertos y que no pueden ponerse en duda dentro de su sistema. Siempre es importante investigar el significado de las cosas, "el celo por tu casa me consume"[17]. El Señor está presente todos los días en su iglesia, desde allí observa cómo nos portamos, entonces es bueno evitar en la iglesia las conversaciones, las risas, los odios, las envidias, las soberbias y las ambiciones, no sea que viniendo el Señor, cuando menos se le espera, nos haga un fuerte llamado de atención y amonestación.

Uso adecuado del celo. Es importante notar que el celo es ecuánime, no es inherentemente malo o bueno. Puedes ser celoso sobre algo tan vital y correcto como el estudio de la palabra de Dios, o sea, aplicar esa misma energía intensa en algo impío. Como resultado, los cristianos, especialmente en nuestra juventud, necesitamos asegurarnos de tener nuestros principios bien fundados y basados en Dios. ¡Nuestra energía y fervor deben estar orientados en cosas que sean de Dios!

"Yo conozco tus obras, que ni eres frío ni caliente. ¡Ojalá fueses frío o caliente! Pero por cuanto eres tibio, y no frío ni caliente, te vomitaré de mi boca"[18].

Algunos afirman que se puede vivir sin la necesidad de una superstición acerca de un Dios u otros mitos, aunque también es bueno saber que a veces el significado es algo que se atribuye, pero la naturaleza es una realidad objetiva que siempre se debe argumentar con el propósito de investigar y saber la verdad, pues nosotros somos naturaleza pura, creación de Dios.

---

17 "El celo por tu casa me consume". Jn 2, 13-22. Autor: Pedro Sergio Antonio Donoso Brant.
18 (Apocalipsis 3:15-16).

La mundanidad

¡Tengamos en cuenta que la cabeza del ocioso es la oficina del diablo!

Estamos siendo inmersos en un paganismo suave, aunque sentimos que no nos quita la paz; no porque sea bueno, sino que estamos "anestesiados", física, mental y espiritualmente, y nos han insensibilizado por medio de una desinformación masiva y continua, sin ética y con valores torcidos con una buena apariencia. Nos preguntamos cómo purificar la iglesia (nuestro cuerpo espiritual). La respuesta no la vamos a encontrar en el mundo, la respuesta viene directamente del Señor y no de parte de los que creen saberlo todo, recordemos que el diablo es un artista y disfraza la verdad con una cara o una voz bonita y nos puede engañar[19].

---

19   El papa Francisco.

La escucha activa "leer entre líneas"

Todo conocimiento humano es incierto, inexacto y parcial[20]. Entenderlo nos ayuda a no caer en dogmatismos de ninguna índole, ni religiosos, ni políticos, ni nada. Es fundamental ser críticos y siempre tener una curiosidad infinita, siempre en busca de una buena fuente informativa. El dogmatismo no nos lleva a ningún buen puerto, nos impide tener un punto de vista original que nos ayude a una autocrítica existencial que nos permita aportar.

Porque, sin saberlo, podemos estar presos siendo libres, pasamos años encerrados en una libertad condicionada por el sistema que no nos enseña, ni nos permite pensar por nosotros mismos; por otro lado, en otras ocasiones somos libres y no nos hemos dado cuenta.

"No existe ningún punto de partida si no se sabe a dónde ir"[21]

La promesa de Dios es segura

"Pero deseamos que cada uno de vosotros muestre la misma solicitud hasta el fin, para alcanzar la plena seguridad de la esperanza, a fin de que no seáis perezosos, sino imitadores de los que mediante la fe y la paciencia heredan las promesas"[22].

Hermano mío, reacciona, no importa cuántos años tengas, no dejes que el tiempo pase sin intentar, al menos, ser feliz porque hay muertos vivientes, unos por ser víctimas del sistema, otros por el

---

20 Ramón Bayes, doctor en Filosofía y Letras, sección de Psicología, Universidad de Barcelona.
21 Sigmund Freud.
22 Hebreos 6;12.

miedo al qué dirán, esclavos de la rutina sin emociones. De hoy en adelante, canta, ríe, baila, ama, y no te olvides de agradecer y bendecir. Sé feliz, pues solo se vive una vez.

Recuerda, no todos somos iguales, pero tenemos algo en común, somos miembros de la raza humana, estamos siguiendo un objetivo. Y lo más importante: tenemos a Cristo, el hijo de Dios en nuestro corazón.

Todo cristiano debe de tener firme en su corazón estas palabras: "No se amolden al mundo actual, sino sean transformados mediante la renovación de su mente, así podrán comprobar cuál es la voluntad de Dios". La palabra de Dios nos previene, y cita "**al mundo actual**" hace dos mil años. Por eso afirmamos que las escrituras, aunque fueron escritas hace mucho tiempo, en épocas diferentes y por variados escritores, sigue siendo tan fresca como el periódico de mañana.

Y aunque, sin duda, estamos bastante desviados del camino, seguimos en la constante búsqueda, confiando solo que dependemos de Dios y que sus promesas son nuestras; y si Él dijo que estaría con nosotros hasta el fin, así debe ser, y así lo debemos sentir en lo más profundo de nuestro ser.

¿Cómo no creer en Dios?

Hoy les voy a contar algo increíble que manifiesta la gloria de Dios en nuestras vidas. Durante varios estudios he insistido en que debemos aprovechar la oportunidad que nos da Dios y que emprendamos una nueva etapa en nuestras vidas, un nuevo comienzo. Que aprendamos la lección que Dios nos ha dado estos últimos dos años y lamentablemente las reacciones han sido pocas.

En algún momento me sentí como la voz que clama en el desierto. Sentía que hablaba solo para mí, pero mi Señor me ha dado una gran alegría al mostrarme su gran amor y su exagerada misericordia.

Estuvimos orando por un milagro y ese milagro se dio, durante mi oración recordé una anécdota de unos jovencitos que en un día de campo sufrían por el tremendo calor que hacía, uno de ellos sugirió orar para que el señor mandara lluvia y pudieran refrescarse. Se tomaron de las manos y oraron al Señor por la lluvia fresca, al terminar todos volvieron a lo que estaban haciendo, solo una jovencita fue a su mochila y sacó un paraguas. Todos se rieron de ella y le preguntaron por qué había sacado el paraguas, a lo que ella contestó: "Porque todos oramos por lluvia y yo creo en Dios". En ese momento se nubló y en cuestión de minutos empezó a llover.

Hace unos días, me comunicaron que a un pariente le habían diagnosticado cáncer de hígado. La noticia fue devastadora para toda la familia, sabiendo que un diagnóstico como ese era casi fatal. Entonces pedí a mucha gente que hicieran oración por esta persona que seguramente se sentía peor que nadie en el mundo. De rodillas oramos y nuestra oración era que por favor curara ese cáncer y que todo fuera solo una pesadilla, que desearíamos despertar con la noticia de que era solo falsa alarma y que todo estaba bien. Una semana después, el milagro se dio, lo que pedimos había sucedido. El médico dijo lo que muchos dicen: "¡No sé qué pasó!, pero esta persona está limpia de cáncer, no tiene más que un virus que en dos meses se lo vamos a quitar". **Así trabaja nuestro Señor**.

Solo como anécdota, en una ocasión íbamos mi esposa y yo de viaje, teníamos que cruzar la frontera entre México y EE. UU. Saliendo de Ciudad Juárez nos encontramos con un retén militar, parecía que estaban revisando muy minuciosamente a todos los autos que pasaban por ahí, mi primer pensamiento fue: "¡Oh, no, estos soldaditos nos van a quitar mucho tiempo en la revisión!". Todavía no era mi turno y ya me sentía incómodo porque yo tenía en mente que los soldados mexicanos eran déspotas y prepotentes, pues ya había tenido alguna experiencia desagradable en el pasado.

En ese momento, diversas inquietudes cruzaban mi mente, pero al llegar al punto de revisión, avistamos a un soldado alto, fornido y con semblante serio, un rasgo característico en los militares. El hombre se aproximó pausadamente alrededor de nuestro vehículo y se detuvo justo frente a mi ventana. Con una voz firme que más bien resonaba como un grito, me preguntó: "¿Quién vive?". De manera automática, respondí: "¡Cristo vive!". En una fracción de segundo, pensé que este individuo podría molestarse por mi respuesta, asumiendo que los militares solicitaban identificación de esta manera, preguntando quién está presente. Pero para mi sorpresa, el militar sonrió y sin más, nos deseó: "Que tengan buen viaje y que Dios les bendiga". Tras agradecerle y corresponder a su bendición, continuamos nuestro viaje. Eché una mirada rápida buscando una explicación y noté que nuestra Biblia estaba visible en medio de los asientos delanteros. Fue entonces cuando comprendí el peculiar comportamiento del oficial y descubrí que él también era un soldado de Cristo, lo cual me demostró que no estamos solos en nuestra fe. Dios se manifiesta en aquellos que creen y tienen fe.

Como dice la palabra de Dios: "Las misericordias del SEÑOR jamás terminan, pues nunca fallan sus bondades; son nuevas cada mañana; ¡grande es tu fidelidad! Bueno es el SEÑOR para los que en Él esperan, para el alma que le busca". Les invito una vez más a reflexionar sobre un nuevo comienzo.

¿A nadie le amarga el dulce?

Siempre se ha dicho que la Biblia es el libro más vendido del mundo, pero también reconocemos que es el más ignorado y el libro menos leído de todos, creo sin duda que leer la Biblia limpia tu mente, te ajusta en la esfera espiritual, fortalece y restaura tu alma. Se debe leer no como si leyeras cualquier libro, sino con a la seguridad que al leerla tu cerebro comience a procesar esa información, y al ser recurrente, comienza a asociarla a tu vida práctica, obteniendo como resultado, un cambio de vida, una conciencia espiritual y un desprendimiento de tus malos hábitos, vicios y pecados. Se debe buscar la salvación por medio de la fe.

¿A poco no suena muy bonito? Pues es ahí donde te empieza a "amargar el dulce". Se dice entre otras cosas que uno de los magos de oriente le regaló mirra al Niño Jesús y se señala que la mirra es un ungüento que tiene un perfume suave y delicado, el cual se antoja experimentar, pero que su sabor es tan desagradable que al probarlo se pierde el amor a su delicada y suave fragancia.

Es cuando aparece la desilusión, en el momento de desarrollar y poner en práctica, o aplicar en nuestras vidas el conocimiento divino, nuestra cabeza se llena de pretextos, excusas, ideas automáticas, de autodefensa, y empezamos a razonar y a argumentar filosóficamente el concepto para "buscar la mejor solución".

El dulce empieza a amargar cuando encontramos una seudo verdad o verdad a medias que al final no es más que una mentira bien contada. La repetimos sin percibir que"una mentira que se repite varias veces, casi siempre se hace creíble"[23]. Aun así, casi siempre

---

23 Joseph Goebbels.

decidimos seguir engañados y no buscamos la información fidedigna, no combatimos al creer que no podríamos triunfar ante una gran mentira con una pequeña verdad.

El gran desengaño y desilusión es cuando nos enfrentamos a algo que, aunque es verdad, parece contrario a toda lógica. "El derecho de creer que tenemos derecho a un derecho al que no tenemos derecho".

Muchos dicen ser hijos de Dios por derecho, hablan y dicen que Dios es amor, pero lo dicen por conveniencia, justificación, pretexto y comodidad; por creer en la información cultural a medias y no se detienen a investigar si eso es verdad o si hay algo que hacer para que así sea. La Biblia nos dice que el primer hombre (Adán) por rebeldía y **desobediencia** perdió todos los derechos que Dios le había otorgado. Pero también es verdad que Jesucristo vino y rescató esos derechos, aunque para seguridad de todos esos derechos, están condicionados por los mandamientos dados a Moisés y "simplificados" por Jesucristo. "Amarás al Señor tu dios con todo tu corazón, y con toda tu alma, y con toda tu mente"[24]. Este es el gran primer mandamiento. Y el segundo es similar: amarás a tu prójimo como a ti mismo.

Cumpliendo con estos dos estatutos, entonces, y solo entonces, tal vez podríamos ser considerados no para merecer esos derechos, sino para implorar con toda humildad, por la gracia del Señor.

Aquí tenemos una ilustración muy clara de cómo llevarlo a cabo en la vida.

Si amamos a Dios y obedecemos sus leyes, tendremos paz. Seamos conscientes de que, por nuestro pecado, no somos merecedores más que de la muerte. Pues, "la paga del pecado es la muerte"[25], pero la dádiva de Dios es vida eterna en Cristo Jesús Señor nuestro.

---

24 Mateo 22;38-39.
25 Romanos 6-23.

Hay que tener confianza en Dios. Él es el único que está por encima de las presiones diarias de la vida y nos da seguridad total. Pero de ahí a pretender exigir un derecho al que no tenemos derecho, es una aberración insana.

Es muy importante entender que la Gracia de Dios es su voluntad, su regalo diario para todos a los que ama el ser humano, "¿Qué es? Oh Señor, ¿qué es el hombre para que tú lo tengas en cuenta, o el hijo del hombre para que pienses en él?"[26].

¡¡¡Obediencia = paz y seguridad!!!

Un sabio y antiguo consejo: "Mide tus deseos, pesa tus opiniones, cuenta tus palabras, sé cauteloso con tus pensamientos y decisiones, porque sin darnos cuenta o a veces propósito perdemos la recompensa que el cielo nos tiene reservada"[27].

BIENAVENTURADO el varón que no anduvo en consejo de malos, ni estuvo en camino de pecadores, ni en silla de escarnecedores se ha sentado; antes en la ley de Jehová está su delicia, y en su ley medita de día y de noche. Y será como el árbol plantado junto a arroyos de aguas, que da su fruto en su tiempo, y su hoja no cae; y todo lo que hace, prosperará.[28]

---

26 Salmo 144-3.
27 Pitágoras.
28 Salmos 1:1-3 RVA.

La felicidad

¿A costa de qué o de quién? ¿Cuánto cuesta? ¿Quién le puede poner precio?

¿La felicidad depende de la calidad de tus pensamientos?

Cualquiera que lea *Eclesiastés* y salga incorrupto comprenderá cuál es exactamente el concepto de la felicidad, esa es mi humilde opinión. Salomón dijo: "Es como correr tras del viento". La felicidad no es un lugar, es un estado de ánimo que solo se puede disfrutar en cortos periodos de tiempo, de lo contrario sería una locura.

Sin embargo, nosotros siempre la buscamos y en nuestras oraciones la pedimos al decir "perdona nuestras ofensas", así nos sentiremos felices, al sabernos libres de culpas, y nosotros perdonamos a los que nos ofenden, así no guardaremos rencores y nos sentiremos felices porque nuestro corazón está en paz con los demás.

Dice un poeta: "¿Quién tiene más miedo? ¿El niño que teme en la noche, o el hombre ignorante que teme su suerte?"[29]. "Los hombres olvidan siempre que la felicidad humana es una disposición de la mente y de acuerdo a ciertas circunstancias"[30]. Piensan que el concepto es; quien me hará feliz, ignorando que lo ideal es: ¿a quién voy a hacer feliz? Pero, según Aristóteles, ¿qué hace feliz al hombre? ¿Cómo puede el individuo alcanzar una vida plena? Porque, aunque la felicidad es la meta, no se basta así misma, pues necesita de varios factores para realizarse, digamos que entre ellos está lo que yo necesito, lo que quiero, lo que merezco, y lo que Dios quiera.

Otros dicen que solo hay una manera de lograr la felicidad, que es dejar de preocuparnos por las cosas que están más allá de nuestro alcance y comprensión. Quien habla de la abundancia del universo y se resisten en llamar las cosas por su nombre y dice naturaleza, energía, poder y no dice el nombre verdadero de todo el concepto, alaban la creación, pero ignoran al Creador, eso es basura.

En la vida hay veces que no tenemos que dar explicaciones, al fin la gente solo entiende lo que quiere entender y lo que cree que le conviene.

---

29 La felicidad de Felipe Gil.
30 John Locke.

Nunca pueden faltar aquellos que disfrutan viendo a través de su amargura, privándose ver las bendiciones de Dios y se dedican a ver la vida a través de un "negativoscopio", es decir, todo es malo o negativo para ellos y ¡alguien tiene la culpa! "¿Qué provecho recibe el hombre de todo el trabajo con que se afana bajo el sol?"[31]. Buscan un chivo expiatorio y ese es Dios.

Otro punto de vista es, según los expertos en mercadotecnia, la ley de la necesidad, la cual, sin duda, es propiciada por la infelicidad de las personas; aseguran que a mayor infelicidad, mayor consumo, es decir, la gente busca la felicidad por medio de tener cosas materiales, entre más famosa sea la marca mejor. Dicen que una sociedad insegura es más manipulable, eso tiene sentido, ya que se observa por doquier cómo los gobiernos, las sociedades secretas y el mercado que promueve el consumismo nos están adoctrinando, bombardeándonos con publicidad, a veces muy sutil y en ocasiones descaradamente intencionada; pero siempre destructiva e incitada por medio del morbo, el miedo, la fantasía, las emociones negativas mediocres y grises para invitarnos (inducirnos) en una sociedad dominable.

Queriendo hacer desaparecer la identidad individual que tenemos por voluntad Divina. Y quieren evitar que veamos que entre más bienes tengamos, también habrá más de aquellos que los consumen.

Me gustaría decir que intentan hacernos creer, pero lastimosamente digo que nos han convencido de que la felicidad no es gratis, que cuesta mucho y si somos afortunados y tenemos los recursos para comprarla entonces seremos felices. A veces hablan de un dios, pero nunca mencionan su nombre; luego

---

31 Eclesiastés 1;3.

con palabras, imágenes y filosofías baratas nos envuelven en un círculo vicioso de adicciones, que nos aleja de la verdad.

La esperanza, la paciencia y la honestidad son los tres mejores objetivos que jamás debemos perder, son gratis y muy valiosos, porque para tu familia ningún regalo es tan rico como la honestidad.

El perdón cae como la lluvia suave desde el cielo a la tierra, es doblemente bendito, bendice al que lo da y al que lo recibe y la felicidad se hace presente. Todo existe en nuestra mente, el consciente, el subconsciente y el inconsciente, todos estos generan nuestros pensamientos, sentimientos y emociones que tienen reacción en nuestra vida diaria, así también funciona el concepto de la felicidad, y así será hasta la muerte. La sociedad moderna desea paz mental.

Pero casi siempre y se podría decir que por instinto o por reflejo de supervivencia, si esa misma sociedad mira que hay flechas listas para ser disparadas, se prepara para contraatacar en lugar de pensar que es mejor dialogar, para tener un buen arreglo y no una mala pelea. Dios en su infinita misericordia nos ha dotado de libre albedrío, pero también nos dio un instructivo que nos enseña a usarlo de manera correcta. "La felicidad radica en el proceso de tomar con alegría lo que la vida nos proporciona. El camino a la felicidad está en Dios. Conócete, acéptate, supérate"[32]. *"Mucha paz tiene los que aman tu ley, y no hay para ellos tropiezo"*[33].

---

32 San Agustín de Hipona.
33 Salmo 119:165.

Finalmente, ¿qué es la felicidad? La felicidad está implícita en la historia del ser humanos desde el principio. Cuando *Dios creó y vio su gran obra y vio que todo que era bueno*, luego el disfrute de vivir en el paraíso, hasta que descubrimos la tentación del conocimiento del bien y el mal. A partir de entonces, nos hemos dedicado a intentar recuperar la felicidad que por voluntad propia dejamos ir y ahora ya no la encontramos por completo sino en pequeñas etapas que dependen de las circunstancias y el entorno de nuestra sociedad y diario vivir.

Hoy día la describimos como una meta bien lograda, la cual si no se alcanza se convierte en frustración e ignoramos el aprendizaje que nos puede dejar. También lo vemos como la satisfacción de algunas necesidades físicas, emocionales o espirituales, pero nos enfocamos más en las dos primeras olvidando que la espiritual es la más importante.

"Si quieres ser feliz una hora, toma una siesta. Si quieres ser feliz un día, haz tu deporte favorito. Si quieres ser feliz un año, hereda

una fortuna. Si quieres ser feliz toda la vida, ayuda a los demás"[34].
¡A veces es así de simple! Y NO LO PODEMOS VER.

La inocencia, base fundamental para la felicidad,
no hay mejor ejemplo que este:

35

¿Quién podría negarlo?

Por eso Dios en su infinita misericordia nos hace saber en su libro que la verdadera felicidad está al alcance de nuestras manos.
"Vuestro Padre celestial sabe que necesitáis de todas estas cosas.
Pero buscad primero su reino y su justicia, y todas estas cosas os
serán añadidas. Por tanto, no os preocupéis por el día de mañana;

---

34 Proverbio chino.
35 Foto anónima tomada de Facebook.

porque el día de mañana se cuidará de sí mismo. Bástele a cada día sus propios problemas. Solo debemos CREER, pues esta promesa es para todos nosotros".[36]

En fin, hermano mío, reacciona, no importa cuántos años tengas, no dejes que el tiempo pase sin intentar, al menos, ser feliz, porque hay muertos vivientes, unos por ser víctimas del sistema, otros por el miedo al qué dirán, esclavos de la rutina sin emociones. De hoy en adelante, canta más, ríe, baila, ama, y no te olvides de agradecer y bendecir; sé feliz, recuerda que solo se vive una vez.

Recuerda, no todos somos iguales, pero tenemos algo en común: somos miembros de la raza humana, estamos siguiendo un objetivo. Y lo más importante: tenemos a Cristo, el hijo de Dios en nuestro corazón.

La luz del mundo y la roca

En la vida tenemos dos opciones: una es vivir en Cristo y la otra vivir sin Él.

Por poner un ejemplo, tú sabes que al abrir la puerta de tu cuarto vas a encontrar un tiradero tremendo; tú sabes lo que hay ahí adentro, pero cuando enciendes la luz te das cuenta de que es peor de lo que creías. Te da vergüenza y entonces decides limpiarlo, pero es tanta la culpa que sientes por ese tiradero que sabes que tú lo ocasionaste, que no sabes si limpiarlo con la luz encendida o apagada, o sea, en tinieblas.

El evangelio de Juan 8,12, dice: "Jesús les habló otra vez, diciendo: 'Yo **soy la luz del mundo**; el que me sigue no andará en tinieblas, sino que tendrá la luz de la vida".[37]

---

36 Mateo 6;33-34.
37 Biblia Reina-Valera 1960.

Lo que necesitamos para una limpieza profunda

Información

Acción

Fe

Así que en nuestra vida, Jesús, el hijo de Dios, es nuestra luz, es quien nos hace ver claramente el tiradero que tenemos dentro, y al mismo tiempo es quien nos invita a limpiarlo, pero solo con la luz veremos toda la mugre que existe y nos llena de vergüenza. Claro que tú decides si quieres limpiar a fondo con la luz encendida o a oscuras tratando de ocultar algunas cosas que no quieres que se vean o simplemente no quieres que desaparezcan (porque limpiamos a oscuras siempre tendremos pretextos para seguir sucios). Esta es nuestra oportunidad para andar siempre caminando al amparo de la luz, ya sabemos quién es, ya sabemos dónde está, solo tenemos que creer y aceptar que sin la luz estamos perdidos.

Porque tú eres mi roca y mi fortaleza.[38]

Caminemos en la luz, porque, tiempos malos se avecinan, ya están sucediendo y debemos estar seguros donde estamos parados, porque habrá vientos fuertes, temblores, mentiras, guerras, hambre,

38 Salmo 71.3.

muerte, mucho dolor y muerte. Pero en la roca que estaremos parados no se moverá ni temblara, pues es Cristo, Jesús, nuestro Señor y Salvador. Escuché a un predicador diciendo: "Cuando alimentamos la fe, nuestros miedos se mueren de hambre", creo que esa es una gran verdad, porque cuando decidimos cambiar un pensamiento también cambia nuestra vida. Así podemos decir que seguimos buscando y vamos por un buen camino.

Los comecerebros

Educar la mente sin educar el corazón
no es educación en absoluto.[39]

A veces una buena intención produce una buena acción, pero también en ocasiones una buena acción, se corrompe por causa de los comecerebros ambiciosos.

Encontré un video que me puso en alerta, el video se llama "Un consejo para cada padre"[40], y decidí hacer un ejercicio. Pensando en los personajes que aparecen y los que podrían aparecer. El mensaje comienza así:

Una pareja y su hijo de cinco años entran a una tienda de aparatos electrónicos con la intención de comprar una tablet; después de escoger la que más les gustó, el vendedor que los atendiendo muy amablemente le pregunta: ¿Y para quién lo está comprando, señor?". A lo que el hombre le contesta: "Para mi hijo". El dependiente vuelve a preguntar: ¿Cuántos años tiene el niño?". "Cinco", responde el padre. Entonces el vendedor dice algo que desconcertó al hombre, poniendo la tablet en su caja, la guardó en un cajón y con una sonrisa dijo: "Ok, puede volver por ella dentro de siete años".

Pueden imaginar la cara de sorpresa que pusieron la mujer, el hombre y el niño. Luego de unos segundos de sorpresa, el hombre preguntó: "¿Pero por qué me dices eso?". A lo que el vendedor con voz muy serena le responde: "A los doce años es la edad apropiada para empezar a usar una tablet. Ahora que es muy pequeño, debe-

39 Aristóteles.
40 https://www.advice.co.th/

ría pasar bellos momentos junto a ustedes, y aprender acerca de la ternura del amor y la unión familiar. Antes que se CONVIERTA en una persona egoísta e insensible". Antes de que lo pierdan dentro de una habitación, dentro de un mundo de fantasía que lo envolverá para siempre, donde ya no escucharán sus pláticas, sus opiniones, sus risas y ocurrencias de niño inocente; no oirán sus voces y sus pensamientos.

Antes de que nuestra inmadurez nos convenza de que al estar dentro de sus habitaciones estamos seguros, sentados o acostados con nuestros auriculares, viviendo en un mundo ficticio, aprendiendo cosas que no enriquecen ni el cuerpo ni el alma, aislados por una tecnología que no contribuye a la formación de niños seguros y fuertes capaces de tomar decisiones éticas y morales correctas porque no fueron enseñados con valores familiares al estar aislados por una negligencia paternal, perdiendo literalmente la vida, será triste ver cómo, sin querer, su hijo se convierte en una mezcla de todo aquello por lo que pueda ser influenciado sin que usted se dé cuenta. No es una decisión fácil ni cómoda, pero creo que sería la mejor decisión que ustedes podrían tomar para criar a un hijo sano en cuerpo y mente.

Después de unos segundos que parecían eternos y un silencio que cortaba el aire, un intercambio de miradas entre la mujer y su marido. El hombre miró a su hijo a los ojos y le dijo con seguridad: "Hijo, vamos a esperar un poco, ¿ok?", y el niño afirmó: "¡Sí, papá!", convencidos de que era la mejor decisión, entonces se marcharon en paz.

Ahora el ejercicio al que me refería es el siguiente: analizamos el contexto de esta escena, con los personajes dentro y fuera de cámara, los clientes, el vendedor, algún testigo curioso, el dueño de la tienda que estaba pendiente de la venta y el espectador, o sea, tú.

Pregunta: ¿Cómo es que la familia fue persuadida para ir a esa tienda y comprar esa tablet en específico?

Respuesta: Publicidad, radiotelevisión, revistas, periódicos y multimedia. Sin duda, los espectaculares comerciales donde se muestra a la familia feliz y relajada conformada con un engaño voluntario de la realidad.

¿El dueño de la tienda quedó satisfecho al presenciar este acontecimiento? Seguramente que no, pues su establecimiento está para vender y no para dar clases de ética y valores morales a los clientes.

¿El vendedor faltó a la ética profesional? ¿Tal vez obedeció a su corazón? ¿Cuál es tu opinión con respecto a este escenario ficticio.?

Lo que me llamó la atención es que esta escena se desarrolla en un país **oriental**, (quienes producen un producto que no consumen, es solo para exportación), curiosamente encontré algo que ocurre en una cultura occidental, ¡y solo aclaro que cualquier parecido con la realidad lamentablemente así es!

Consejos para formar un pequeño delincuente en casa

Comienza desde la infancia dando a tu hijo todo lo que le pida, así creerá que el mundo entero le pertenece. No le des ninguna educación espiritual, espera a que sea mayor de edad y pueda decidir libremente. Cuando diga groserías, ríete de ellas, esto le animará a hacer cosas graciosas. No lo regañes nunca, ni le digas que está mal algo que hace, podrías crearle complejo de culpabilidad.

Recoge todo lo que deja tirado, libros, zapatos, juguetes, hazle todo, así se acostumbrará a cargar responsabilidad sobre los demás. Cuida que sus platos, vasos cubiertos, estén esterilizados, pero deja que lea y vea todo lo que caiga en sus manos y su mente se llene de basura.

Discute y pelea con tu cónyuge en presencia del niño, de esta manera no se sorprenderá ni le dolerá demasiado el día que la familia quede destrozada para siempre.

Dale todo el dinero que quiera gastar, no vaya a sospechar que para disponer de dinero es necesario trabajar. Satisface todos sus deseos, apetitos, comodidades y placeres; el sacrificio y la austeridad podría producirle frustraciones.

Ponte de su parte en cualquier conflicto que tenga con sus profesores y vecinos, piensa que ellos tienen prejuicios contra tu hijo y que lo único que quieren es fastidiarlo.

Si seguimos estos consejos es muy fácil que en casa hagamos un pequeño tirano que con el tiempo se convertirá en un delincuente y una vergüenza para la familia y la sociedad.

"Miss Flopy"

Cuidar la salud mental, física y espiritual es tu trabajo como padre de familia

En muchas ediciones mediáticas nos hacen creer que si no estamos en la mesa listos para comer, entonces estaremos en el menú listos para ser comidos. Los autodenominados como mentes abiertas inmediatamente se pondrán a la defensiva y empezaran a planificar sus estrategias de cómo no pertenecer al menú, y se encuentran que solo pisoteando a los demás lograrán estar del otro lado de la mesa, sin tomar en cuenta la consecuencia de sus actos. "El que guarda la ley es hijo entendido; pero el que es compañero de **glotones,** avergüenza a su padre".[41]

Seamos cuidadosos porque los comecerebros abundan, están en la calle, en el trabajo, en todo lo que ves en TV, lo que oyes en la radio, revistas, periódicas y en todo lo que es multimedia, pero sobre todo en la iglesia. Un fabulista francés se atrevió a decir que: "Todos los cerebros del mundo son impotentes contra cualquier estupidez que esté de moda".[42]

---

41 Proverbios 28-7.
42 Jean de la Fontaine, cuentista francés.

A grandes rasgos así lo parece, se habla de todo, usan profecías, dichos, filosofía bonita, pero barata; usan a Dios con citas bíblicas, argumentan ser creyentes... Bueno, la palabra dice: "Tú crees que hay un Dios; bien haces; también los demonios creen y tiemblan".[43] Lo peor de todo es que sí nos damos cuenta de lo que está pasando. Porque una cosa es creer en Dios y otra cosa es obedecerlo, aquellos que dicen creer, y al actuar piensan que no pasa nada, deben de pensar que si los demonios tiemblan es porque lo conocen y saben lo que puede hacer con los que lo ignoran por voluntad propia. **Dios no puede ser burlado.**

La importancia de leer

*"El comienzo de la sabiduría reside
en una justa evaluación de la propia ignorancia".* [44]

Sin duda, leer y escuchar es recibir comunicación de alguien que te está "dando" activamente un tesoro, que es la información. Las

43 Santiago 2;19.
44 Sócrates filósofo griego.

palabras impresas son un concepto y todos deberíamos pasar por esa experiencia diariamente.

"El mundo es un libro, y aquellos que no viajan solo leen una página; cuando la voluntad es completa, el trabajo se vuelve un placer".[45]

Continúa aprendiendo, sigue caminando, sigue progresando, no te detengas en el camino, no retrocedas y no te desvíes. Porque el saber genera placer, si no es así, estás muerto y utilizar un libro como sedante es un auténtico desperdicio.

Cada vez hay más gente, que sabe leer un texto, pero no comprende ni procesa el contenido. Hoy día hay un analfabetismo, cívico, político, espiritual, involuntario muy fuerte, porque a veces leemos con flojera y no procesamos la información correctamente. Siempre han existido los analfabetos, pero los de hoy día son los peores, porque todos han tenido exceso a la educación, algunos hasta han tenido estudios superiores y continúan siendo analfabetos, saber leer y escribir, pero no ejercen el conocimiento. Hoy día la cultura y la ignorancia se han fusionado para crear gente mentalmente simplista, superficial, frívola, primaria y a veces sin sentido, que ni siquiera ellos mismos se entienden, pero exigen ser entendidos y respetados y es por eso que siempre serán analfabetos mentales, presas fáciles para el sistema del nuevo orden mundial.

En la Biblia siempre hay una pregunta hecha por los apóstoles o el propio Jesús. ¿Acaso no han leído? Dice: "Estén atentos, nos dejéis engañar, miren, pues, ¿no han leído? Así lo dijo el profeta". Los expertos dicen que para mantener controlada a la población hay que hacer dos cosas: "Primero asustarla y luego desmoralizarla) es decir, desesperada y pesimista, argumentan que una sociedad sana, educada y confiada, es más difícil de gobernar, no sería fácil tenerla bajo control".[46] Es mejor hacerlos creer que no están capacitados

---

45 San Agustín.
46 Tony Benn ex parlamentario británico.

para superarse a niveles altos, hay que hacerlos creer que si obedecen al sistema y si Dios les ayuda su suerte podría cambiar. Si la Biblia nos dice que "por falta de información, el pueblo perece" y la misma Biblia nos provee esa información, ¿por qué no creerlo? Está escrito:"Haz insensible el corazón de este pueblo, endurece sus oídos, y nubla sus ojos, no sea que vea con sus ojos, y oiga con sus oídos, y entienda con su corazón, y se arrepienta, y sea curado".[47]

Control o autocontrol

El mundo está en un proceso de adoctrinamiento. Para alejar a las personas de Dios, algunos pueblos defienden su patria, sus derechos y su constitución a capa y espada, y no es nada reprochable, pues somos seres que intentamos sobrevivir en este mundo, pero ignoran a Dios quien mandó a su hijo a morir por nosotros, y son incapaces de tan solo reconocer su existencia, menos morir por Él.

¡Quien te enfada te domina! Tu estado emocional no puede depender de otras personas. Ni de la persona que te insulta, ni de la que te enfada; ni de la persona que te alaba, ni de la persona que te critica, ni de la persona que dice que no sirves para nada. Ni de la persona que dice que tú no puedes. No, tú no puedes permitir que nadie te enfade porque todas las emociones que tú sientas causadas por terceras personas, significan que tú le estás dando el poder a esas personas para dominarte.[48]

Quien te enfada, te domina, debes madurar de una bendita vez. Debes llegar a la plenitud espiritual donde nada ni nadie, ninguna situación, ninguna persona por mezquina que sea pueda enfadarte, pueda hacer que te sientas mal o que te sientas débil. Cuando tú aprendes a gestionar tus propias emociones y las de los demás, llegas a un tal estado espiritual que eres invencible, te vuelves un todopoderoso.

47 Isaías 6;10.
48 Clave 56, libro *Mente maestra* de Francisco Navarro Lara.

Mira, en un gran océano puede haber una tempestad en la superficie. Pero esa tempestad nunca va a afectar la profundidad del océano que siempre estará en calma. En el plano de tu vida puede haber borrasca, tormentas, huracanes… Pero igual que en la profundidad del mar, a tu espíritu le da igual lo que suceda en la superficie. Todo eso que ocurra en esa parte frívola de tu vida, o de las personas que te rodeen, de las circunstancias en lo profundo de tu ser, no deben afectarte en lo absoluto.

No porque seas superior o especial, sino porque Dios es tu creador y Él prometió nunca abandonarte y tu fe te hace fuerte y protegido; y cuando nos conectamos con esa profundidad, todas esas cositas que nos aparecen son como pequeños mosquitos que están revoloteando a tu alrededor que simplemente con una palmada eres capaz de destruirlos.

Casi siempre es difícil entender que el corazón tiene razones que la mente no entiende, nos creemos que todo lo que existe en nuestra mente, coexiste en nosotros por naturaleza. También nos parece que la mente tiene razones que el corazón no entiende y se resiste a razonar.

¿Cómo tener dominio propio?

Las exploraciones psicológicas atestiguan que inteligencia emocional es crucial para poder conseguir el dominio propio. El primer paso para controlar nuestra conducta y nuestra forma de pensar es tener un gran autoconocimiento.

De esta forma, uno es capaz de reconocer sus emociones y es capaz de regular su modo de actuar. "Educar la mente sin educar el corazón no es educación en absoluto".[49] Recordemos el dicho: "hay que conectar nuestro cerebro y nuestro corazón antes de hablar". El hombre iracundo revolverá contiendas; mas el que tarde se enoja, apaciguará la rencilla. Que es difícil, claro que sí, pero no es imposible y no debemos tener miedo a buscar nuestra educación emocional, física y espiritual, pues es una obligación natural del ser humano para el bienestar de todos. Además, tenemos una promesa que debemos hacer nuestra: "Porque no nos ha dado Dios espíritu de cobardía, sino de poder, de amor y de dominio propio".

Autocontrol significa, entre otras cosas, creer; Dios nos dice que no somos cobardes, dice que tenemos poder de amor y que tenemos dominio propio; nos dice que el espíritu de estos conceptos es inquebrantable, el único requisito que nos pide es que lo creamos en nuestra mente y nuestro corazón. La base principal del autocontrol en todas sus facetas es la fe y solo la fe.

---

49 Aristóteles 2 Timoteo 1-7.

El mercado del miedo

No es ningún secreto que "el miedo y la fe requieren que creas en algo que no puedes ver, tampoco se necesita ser un genio para entender este concepto, la pregunta es: ¿en qué te conviene o en qué quieres creer? ¡Tú decides!".[50]

Hemos leído que en la biblia aparece 365 veces la frase "no temas" que todos traducimos a cada día del año, así lo hemos aplicado casi siempre, pero en realidad, hay más de 365 "no temas" Gracias a Dios porque todos necesitamos que se nos recuerde que no debemos temer y debemos confiar en Dios todos los días. Además, se manifiesta como promesa, pues nos dice que Él estará con nosotros hasta el fin de los tiempos.

¿Entonces por qué nos dejamos vencer por las adversidades que se nos presentan a diario? Tememos miedo cuando miramos una noticia en los medios, cuando nos enfrentamos a algo desconocido, cuando vemos señales de peligro o precaución, etc. Si bien es cierto, debemos tener cuidado, también es verdad que no dejarnos caer en tentaciones, que debemos buscar información y verificar los hechos antes de caer en pánicos que solo nos llevarían al desconcierto.

También debemos estar conscientes que el miedo es como los virus, es gratis, silencioso, sumamente contagioso y a veces difícil de combatir. En psicología se dice que el miedo es una alteración que se convierte en un sentimiento de desconfianza que incita a creer que va a suceder algo negativo, se trata de la inquietud ante un peligro que puede ser real o imaginario. Por lo tanto, es un sentimiento o emoción normal en el ser humano.

Le hemos llamado el mercado del miedo porque, sin duda, se ha convertido en un producto rentable, en una industria manipuladora e impositiva para la gran mayoría de los gobiernos, algunos medios, la explotación del entretenimiento, incluso para algunas religiones,

---

50 Uploaded by Marcelo Molina respondiendo a @cristianosthingand @bendición.

y se lo venden al mundo con otros nombres como: "nuevas experiencias", "emociones fuertes", "sentir la adrenalina" y así probar nuestra resistencia a los trastornos extremos o probar nuestro carácter; pero el miedo queda sembrado en nuestro ser, al grado que nos hace pensar que la vida ha estado llena de terribles desgracias, cuando en realidad la mayoría nunca sucedieron.

Tengamos cuidado como divisamos la vida, porque nuestra percepción administra nuestra conducta y nuestros hábitos, así nuestras acciones provocan síntomas físicos y psicológicos que dan como resultado alguna enfermedad y todo por miedo; desafortunadamente es un mercado muy fuerte que predomina en todas las culturas y tradiciones en el mundo, además es inevitable, pues parce que es parte de nuestro ADN, ya que nacemos, crecemos y vivimos con ese sentimiento hasta el momento de nuestra muerte. Además, el mercado del miedo tiene grandes y poderosos patrocinadores, tiene un despiadado comandante en jefe, quien es el que está detrás de todas las mentiras y maquinaciones perversas en el planeta. Satanás se convirtió en el gobernante de este mundo y el príncipe de la potestad del aire (Juan 12:31; 2 Corintios 4:4; Efesios 2:2). Él es el acusador (Apocalipsis 12:10), el tentador (Mateo 4:3; 1 Tesalonicenses 3:5), y un engañador (Génesis 3; 2 Corintios 4:4; Apocalipsis 20:3). Su nombre mismo significa adversario o "el que se opone". Otro nombre para Satanás, el diablo, significa "calumniador". Por eso afirmamos e insistimos en que es un mercado poderoso, pues nos impone todo sin que nos demos cuenta, saben que "la mejor manera de esconder algo a los ojos humanos es, ponerlo justo a la vista de todos".[51]

---

51 *La carta robada* de Edgar Allan Poe.

Es verdad que el miedo puede controlar tus pensamientos, y contra eso es muy difícil de pelear. "No tienes que controlar tus pensamientos; solo tienes que dejar de permitirles que te controlen a ti. Nunca te des por vencido, siempre habrá una salida".[52] ¿Dónde dice en la Biblia que Dios no nos da algo que no podamos soportar?

"No os ha sobrevenido ninguna tentación que no sea humana; pero fiel es **Dios**, que no os dejará ser tentados más de lo que podáis resistir, sino que dará también juntamente con la tentación, la salida, para que podáis **soportar**".[53] Por eso es importante diferenciar en algunos conceptos el miedo Y el temor.

---

52 Dan Millman.
53 Corintios 10;13.

El miedo[54]

El miedo angustia por un riesgo o daño real o imaginario, también, recelo o aprensión que alguien tiene de que le suceda algo contrario a lo que desea". El miedo es una emoción que produce un sentimiento de inseguridad, angustia, debilidad, nos sentimos expuestos y frágiles.

Tiene el poder de convertir en realidad cosa que no existen. En ocasiones nos puede paralizar o nublar nuestro entendimiento haciéndonos errar en nuestras acciones. Aun cuando Dios nos dice: "Y habréis de oír de guerras y rumores de guerras. ¡Cuidado! No os alarméis, porque es necesario que todo esto suceda; pero todavía no es el fin. Porque se levantará nación contra nación, y reino contra reino, y en diferentes lugares habrá hambre y terremotos. Pero todo esto es solo el comienzo de dolores".

¿Dime querido lector, esto te suena familiar?

Si verdaderamente alguien debería de sentir miedo es por esta realidad tan clara, Jesús les dijo: "Si fuerais ciegos, no tendríais pecado; pero ahora, porque decís, 'Vemos' vuestro pecado permanece".[55] Se dice que el que tiene miedo muere dos veces, se oye raro, pero tiene sentido. A veces la ignorancia de algún significado ciega nuestro entendimiento, y el miedo nos puede matar, Así deberíamos entender este concepto.

Temor

Miedo reverencial y respetuoso que se debe tener a Dios, y que es uno de los dones del Espíritu Santo. Para un no creyente, el temor de Dios es temer el juicio de Dios y la muerte eterna,

---

54 Emilio Calatayud.
55 Juan 9;41.

la cual es la separación eterna de Dios (Lucas 12:5; hebreos 10:31). Proverbios 1:7 declara: "El principio de la sabiduría es el temor de Jehová...". Hasta que entendamos quién es Dios, y tengamos un temor reverencial hacia Él, no podremos conseguir la verdadera sabiduría.

Los creyentes no debemos "tener miedo" de Dios. No hay razón para temerle. No olvidemos su promesa de que nada podrá separarnos de su amor lo dice (Romanos 8:38-39). También promete que nunca nos dejará desamparados, (hebreos 13:5). "Aleluya, bienaventurado, el hombre que teme a Jehová, y en sus mandamientos se deleita en gran manera".[56]

El temer a Dios representa tener tal reverencia por Él, y que se manifieste en la manera en que vivimos nuestras vidas. El temor de Dios es respetarlo, obedecerle, Amarlo, y aprender su disciplina, así lo dijo Jesús: *Amarás al Señor tu Dios con todo tu corazón, y con toda tu alma, y con toda tu mente.*[57] Estaremos todos de acuerdo que el mandamiento más importante no se debe ignorar.

---

56 Salmo 112.
57 Mateo 22;37.

Chantaje emocional

Es importante decir "el que esté libre de pecado, que lance la primera piedra", el chantaje emocional está integrado, instituido, tatuado, en lo más profundo dentro de nuestro ADN, todos sin querer, o a veces a propósito, lo usamos en nuestra vida diaria ya sea en el trabajo, la escuela, la iglesia o la familia. Es, sin duda, parte de nuestra idiosincrasia. Somos parte del círculo vicioso muy interesante, porque a veces ignoramos o nos ignoran a propósito, decimos o nos dicen: "Nadie te aguanta, tienes suerte de que yo sí". "Mira cómo estoy, no he comido por tu culpa, no aprecias lo que tienes". Te castigan por no estar de acuerdo, y te ignoran o te hablan de mala gana, "mira lo que hago por ti, sin mí no eres nadie, eres exagerado o dramático, no agradeces", y muchas otras cosas que seguro todos estamos familiarizados.

El chantaje emocional es un término popularizado por la psicoterapeuta Susan Forward, el cual refiere a una forma de violencia que consiste en la manipulación de una persona sobre la otra utilizando el miedo, la obligación y la culpa como dinámicas transaccionales entre el manipulador y el manipulado.

Las personas influenciadas por el chantaje emocional pueden ser forzadas a actuar bajo presión de la amenaza de responsabilidad por la ruptura del otro, y podrían caer en un círculo vicioso en el cual permite que el chantajista controle sus decisiones y comportamientos; también descrito por la autora como "una especie de niebla psicológica". Todo esto propicia un sistema de autodefensa que solo causa engaño y desviación de la verdad, porque todos vamos a buscar una justificación al sentirnos señalados por alguien. ¿Qué puedes pensar lector acerca de esta frase? "Lo realmente importante es no mirar atrás, pues corremos el riesgo de tomar el pasado como pretexto para nuestro sufrimiento y eso es auto chantaje".

El chantaje emocional está conectado con la teoría del mínimo común denominador, es decir, siempre se buscará un pretexto mínimo para argumentar, defender, justificar o atacar, a veces se hace conscientemente y con intención, otras veces inconscientemente, es un mecanismo de defensa muy humano, pero siempre debemos ver quién está detrás de estas actuaciones.

Una familia disfuncional tiene como base el uso de este tipo de estrategias, amparados en su supuesto derecho a tener derecho al que creen que tiene derecho, pero que no es así, pues la mayoría de los derechos no son incluidos, es decir, todos debemos ganarnos el derecho de ser respetados. Pero debemos aprender a respetar primero, creo que el único derecho del ser humano es "el derecho a la vida y a la muerte" por lo demás hay que trabajar.

La perversión mental que deriva en la perversión espiritual empieza en casa, con la negligencia de los padres, que no se preocupan por inculcar valores espirituales a sus hijos, aceptan fácilmente las cosas que se presentan, como la moda, lo actual, lo más fácil y conveniente. Es muy común ver niños entre quince y ocho años portando aretes, tatuajes, inclusive usando ropa que no corresponde a su sexo, defendiendo un tergiversado.

Ese derecho rompe con el orden divino que habla de la creación de hombre y mujer, al defender la libertad o inclusión de género. Por desgracia, muchos padres, por evitar enfrentamientos con sus hijos, se dejan chantajear dando permiso al libertinaje juvenil, argumentando ser buenos padres con mente abierta (ya sabemos que la mente abierta es un arma de doble filo).

No se nos malinterpreten, no tenemos fobia por nada ni por nadie, solo queremos hacer notar que el libertinaje inconsciente puede afectar el futuro físico, emocional y espiritual de los jóvenes. Es importante que todos entendamos que Dios nos ama, no importa qué hacemos y cómo interpretamos nuestra existencia.

"¡Cuán bienaventurado es el hombre que no anda en el consejo de los impíos, ni se detiene en el camino de los pecadores, ni se

sienta en la silla de los escarnecedores, sino que en la ley del SE-
ÑOR está su deleite, y en su ley medita de día y de noche!".[58]

Es curioso cómo hoy día las personas exigen igualdades y no
corresponden, no son capaces de otorgar una reciprocidad, además
cuando consiguen lo que están exigiendo, no sabe qué hacer con lo
logrado, porque ni siquiera lo entienden. La llamada **generación
de cristal** que se ofende por todo lo que no le conviene o lo que no
entienden, esto es solo una señal de un carácter débil, una personalidad desorientada, una ignorancia por conveniencia y desconocimiento general de su cultura y espiritualidad; se está viendo que,
por esta falta de información correcta, el mundo está cambiando de
manera equivocada.

La tolerancia alcanzará niveles tan radicales que las personas
inteligentes tendrán prohibido pensar para no ofender a los idiotas;
¡escrito está![59] "¿Por qué se sublevan las naciones, y los pueblos traman cosas vanas? Se levantan los reyes de la tierra, y los gobernantes traman unidos contra el SEÑOR y contra su ungido, diciendo:
Rompamos sus cadenas y echemos de nosotros sus cuerdas".[60]

Muchos han leído este salmo y nunca lo han entendido, quieren
romper cadenas y quitar cuerdas, pero entre más lo intentan, más
encadenados y enredados están, y cuando por casualidad llegan a
oír la invitación a arrepentirse y voltear sus ojos hacia Dios, se enferman y cierran sus sentidos, su cerebro se embrutece y su corazón
se hace de piedra. A veces es bueno equivocarse, porque cuando
nos equivocamos aprendemos y podemos corregir, pero si no aprendemos estamos extintos.

Todos en este mundo debemos de tener siempre en nuestro corazón y nuestro pensamiento que Dios nos ama incondicionalmente,
sin importar nuestra condición, pues todos somos pecadores, y nos

---

58 Salmo 1.
59 Fiódor Dostoyevski. Novelista ruso (1881).
60 Salmo 2 Santa Biblia.

ama a tal grado que mando a su hijo para que diera su vida por nosotros. **Es muy peligroso cuando la verdad te ofende.**

Espero que esta historia te haga reflexionar. Este testamento ficticio de un personaje de novela refleja cómo el chantaje emocional desvía nuestra responsabilidad tratando de limpiar nuestra culpa, el reproche comienza diciendo:

Lego a la humanidad todo el caudal de mi amargura. Para el rico sediento de oro, dejo la escoria de mi vida.

Para los pobres, por cobardes, mi desprecio, porque no se alzan y toman todo en un arranque de suprema justicia. Miserables esclavos de una iglesia que les predica resignación y de un gobierno que les pide sumisión, sin darles nada a cambio. No creí en nadie, no respeté a nadie, ¿por qué? Porque nadie creyó en mí y nadie me respetó. Solamente los tontos o los enamorados se entregan sin condición: "¡Libertad, Igualdad Fraternidad!". [61]

¡Qué farsa más ridícula! A la Libertad la asesinan todos los que ejercen algún mando, la Igualdad, la destruyen con dinero, y la fraternidad, muere a manos de nuestro despiadado enemigo.

Chantaje emocional cien por ciento puro, para luego demandar inocencia, negando la dependencia que le debemos al Creador del Universo y, aun así, "exclamar ay Dios mío, ayúdame", o, por el contrario, se puede caer en el triste sarcasmo, amargura o desilusión y reclamar de forma dolorosa, desenganchada o "filosófica" lo que dijera el personaje de esta historia:

Al igual que muchas de nuestras acciones diarias, el chantaje emocional, está grabado en nuestro ADN, es una herencia natural, pues desde el principio de la historia humana y hasta hoy día se ha manifestado, a veces, de formas muy inocentes y agresivas.

---

61 Jesús Pérez Gaona (Pito Pérez) de J. Rubén Romero.

Adán y Eva lo intentaron con el Creador, cuando en el paraíso se descubrió su desobediencia. "Y el hombre respondió: La mujer que tú me diste por compañera me dio del árbol, y yo comí. Entonces el SEÑOR Dios dijo a la mujer: ¿Qué es esto que has hecho? Y la mujer respondió: La serpiente me engañó, y yo comí".[62]

No ha cambiado mucho el comportamiento humano, el chantaje emocional está y seguirá presente hasta el final. ¡No caigamos en la trampa! El enemigo conoce muy bien nuestra condición humana, Gálatas 6:7: "No os dejéis engañar, de Dios nadie se burla; pues todo lo que el hombre siembre, eso también segará". Hay que estar alertas, que no nos atrape el juego mental que nos hace pasar por el temor de enfrentar nuestra responsabilidad y nos empuja a buscar culpables ajenos.

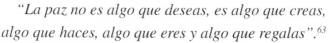

"La paz no es algo que deseas, es algo que creas, algo que haces, algo que eres y algo que regalas".[63]

¿Qué favor le debo al sol por haberme calentado, si de niño fui a la escuela, si de grande fui soldado, si de casado cornudo y de muerto condenado, qué favor le debo al sol por haberme calentado?[64]

---

62 Génesis 3;12-13.
63 John Lennon.
64 J. Rubén Romero, escritor mexicano (Pito Pérez).

Queriendo encontrar una respuesta satisfactoria que nos justifique por un estilo de vida que nosotros mismos hemos elegido y que al final del día creemos no merecer. Volviendo así al ya conocido por conveniencia, intentando así esquivar nuestra contribución a nuestro pecado. Sabemos quién miente, quién manipula, quién controla y quién se beneficia. El cambio no consiste en poner un collar nuevo; sino en dejar de ser perro. Es como querer alcanzar al viento. "Es mejor refugiarse en el SEÑOR que confiar en el hombre". [65]

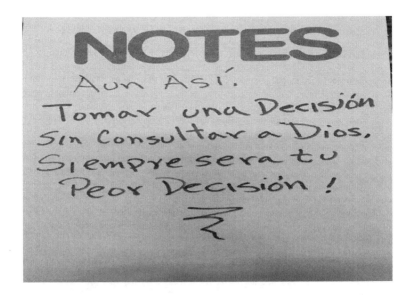

---

65 Salmo 118.8.

¿Terrorismo mediático psicológico?

En este siglo todos estamos expuestos o se puede decir, estamos ya contaminados por este concepto. Aunque no todo está perdido si confiamos en Dios

Vamos a valorar nuestro tiempo, siempre tengamos en cuenta que nuestros años son limitados, (no somos eternos), la lección específica de su valor es muy importante. Hay ciertos momentos en nuestra vida donde sin querer perdemos el tiempo en cosas triviales. Algunas personas nos piden que busquemos por callejones una salida. La constante exposición a los anuncios que intentan hacernos responder a una demanda de atención, para ejecutar una acción impuesta por los medios, el teléfono, los mensajes de texto y nos roba años de valor, consumiendo en cosas vanas incontables horas diarias.

Ambrose Bierce[66] define "muerto" como algo que ha acabado con el trabajo de respirar; que ha terminado con todo mundo; la loca carrera ha completado hasta el final; la meta dorada ha alcanzado… y ha descubierto que es un hoyo en el suelo" . La muerte es enigmática, es como si uno no resollara, pero no es un estado anímico que cause alegría a quien la padece; sin embargo, para quien está vivo puede hasta ser un tema festivo. Por lo demás es una lástima que la muerte no sea para nada una entidad democrática, ya que cuando muere alguien querido para algún tipo de dolientes, todos tenemos otros candidatos que hubiéramos preferido que pedalearan en lugar

66 Ambrose Bierce https://www.biografiasyvidas.com/biografia/b/bierce.htm [fecha de acceso: 4 de abril de 2022].(Diccionario del diablo).

de los caídos; pero no, la muerte es un ser absolutamente totalitario y hace siempre lo que le pega su regalada gana y quizá por esto o porque no podemos hacer nada hace que la aceptemos, sino gustosamente si de forma resignada.

Sin duda una gran definición, pero ¿cómo se define al muerto que aún camina, habla, come e interactúa con el mundo creyendo que su mente es independiente e ignora que está muerto?

"Aprendí hace mucho a no luchar con un cerdo.
Tú te ensucias y al cerdo le gusta".[67]

---

67 George Bernard Shaw.

¿Seremos capaces de aprender a desaprender? ¿A ser observadores y ver lo que hay detrás de cada intención, ya sean internas o externas?

No somos unos cobardes, pues Dios nos ha dado un espíritu de valor y dominio propio, es una gran herramienta que podemos usar para discernir de dónde venimos y a donde vamos.

No es lo mismo decir que alguien tiene hambre, a decir que tiene ganas de comer.

Tener hambre se podría interpretar de varias formas, hay personas que hablan del hambre como una necesidad difícil de saciar, es decir que te levantas en la mañana y no tienes manera de conseguir comida, entonces empiezas a sentir lo que es tener hambre. Otros, lo describen como deseo, tener ganas de comer, se puede decir que es la necesidad fisiológica para recuperar energías y disfrutarlo sin ningún problema.

La Biblia nos menciona la metáfora de "colar el mosquito y tragar el camello", de filtrar las cosas y tomar solo lo bueno, para ayudarnos a comprender la necesidad de evaluar lo que hablamos y lo que hacemos cada día (Mateo 23:24). Se requiere autodisciplina y mucha sabiduría para reconocer el valor real del esfuerzo.

Lo importante cuando para tratar a la gente es no etiquetar en ningún sentido, enfoquémonos en hablar con las personas, no con los números, apodos, géneros, o etiquetas. Es verdad que no se puede hacer nada para cambiar algo que ya pasó, pero siempre se puede hacer algo para cambiar lo que viene, tengamos en mente que todo lo que hacemos en el presente condiciona nuestro futuro, nuestro objetivo no debe ser superar a nadie, sino ser mejor de lo que solíamos ser antes.[68] Es decir, ser la mejor versión de nosotros mismos. Con el único propósito por el que fuimos creados, honrar y glorificar a Dios.

---

68 Ismael Mejía.

Hemos oído repetidas veces pensamientos dizque motivacionales que provocan el "terrorismo psicológico personal"; nos han dicho que aquel que de joven no ha sido rebelde no tuvo infancia, y fomentan así la parte antagónica del individuo, sin ver quién está detrás de cada mala información.

Al agitador le gustan los debates incómodos. "Tiene gran capacidad argumentativa y habilidad para llevarte a lugares reflexivos que no te esperabas y en los que, en realidad, preferirías no entrar. En eso es insuperable: sabe cómo plantear debates incómodos".[69] Por ejemplo, nos encierra en un círculo vicioso que nos hace dar una vuelta de 360 grados. Y dice: "Desprecio la clase de libros que pretenden enseñarnos cómo vivir, cómo hacernos felices nosotros mismos, a este nivel los filósofos no tienen grandes noticias nuevas. Yo creo que el primer deber de los filósofos es hacernos entender en qué profunda mierda estamos metidos".

Así como este rebelde provocador, hay muchos que en realidad solo buscan fama y dinero, porque en los momentos difíciles, apare-

_____

69 Slavoj Žižek, filósofo esloveno.

cen solo para incitar y simplemente ponen a los demás por delante. Y, ante la traición: *"¡Cómo yace solitaria la ciudad de tanta gente! Se ha vuelto como una viuda, la grande entre las naciones; la princesa entre las provincias se ha convertido en tributaria. Amargamente, llora en la noche, y las lágrimas corren por sus mejillas; no hay quien la consuele entre todos sus amantes. Todos sus amigos la han traicionado, se le han convertido en enemigos"*.[70] Así otra forma de terrorismo doméstico personal, que se acepta como anormalidad moderna.

El chip

Una de las conspiraciones más temidas, y que ha sido tema de conversación en plazas, negocios, cafeterías, incluso universidades, es decir, en todos los niveles en el mundo entero, es el supuesto chip que mucha gente afirma que los dirigentes del nuevo orden mundial quieren implantar en cada ser humano. El famoso y temido chip del que tanto se ha hablado, ha pasado de ser físico a ser virtual, como dijimos al principio "está oculto justo enfrente de nuestros ojos" por eso no lo vemos; si revisamos la historia y abrimos nuestro enten-

---

70 Lamentaciones 1-2.

dimiento, el aterrador chip nos lo han impuesto poco a poco desde hace mucho tiempo.

Sabemos que una gota de agua constante sobre una roca puede hacer un orificio, pues así, durante años, hemos sido adoctrinados para que el chip se inserte en nuestra mente y se adapte a nosotros como algo natural, el sistema está en todo lo que nos rodea, principalmente la política, la religión, la escuela, inclusive en la misma familia.

Es decir, las tradiciones y costumbres que hemos aprendido y aceptamos como correctas sin investigar de dónde provienen, si son empáticas con la voluntad de Dios. Y cuando nos damos cuenta de que no son buenas, nos negamos a desaprender y preferimos jugar con el concepto de la ignorancia. Cuántas veces hemos leído u oído hablar acerca de la ideología de género y cuánta información retorcida acerca de este rubro se ha difundido en el mundo entero. En una muy humilde opinión y sin intención de ser homofóbico, machista o discriminatorio y mucho menos elitista, creo que es un término malintencionado. En este debate, la ideología de género ha sido confundida con el enfoque de género, término que ha sido adoptado por organizaciones internacionales como la ONU para trabajar en beneficio de la igualdad entre seres humanos sin importar su sexo. Este enfoque busca asegurar la paridad de oportunidades, derechos y responsabilidades tanto para hombres como para mujeres, es decir, reconocer la diversidad de ambos grupos y asegurar que el sexo con el que nacieron no sea determinante en cuanto al acceso a oportunidades y derechos. Es por esta razón que quienes defienden la postura argumentan que, al hablar de género e igualdad, se habla de paridad de oportunidades para todas las personas, sin importar su raza, religión u orientación sexual.

La ideología de género, por otro lado, es un término acuñado recientemente por grupos conservadores mundiales que malinterpretan el enfoque de género y afirman que al incorporarlo en el currículo escolar se confunde y enseña a la población, en especial a los niños y niñas, que ellos no son como nacen con un sexo natural (niño o niña). Por el contrario, pretende convencer a todos de que tienen el derecho y pueden decidir si quieren ser hombres y/o mujeres.

En algunos países, el movimiento CMHNTM[71] ("Con mis hijos no te metas") sostiene que las medidas de esta ideología de género buscan desestabilizar la familia heteroparental (varón y mujer) siguiendo una agenda, promovida por George Soros[72], que pretende instaurar un nuevo orden mundial, cuya finalidad sería promover la homosexualización desde la niñez, la legalización de las industrias abortista y del cambio de sexo, el matrimonio homosexual, así como el control de la población y la merma de sus valores morales. Todo ello con el propósito de dominar la economía mundial [73], además argumenta que esta supuesta ideología busca la "hipersexualización" de los niños a una temprana edad, lo que podría llevar a una confusión y eventual adopción de "una vida homosexual", atribuyéndole además una connotación negativa a la homosexualidad.

Ipsos Perú llevó a cabo un estudio este año para conocer qué entendía la población al mencionarle el término "ideología de género". Los resultados de este ejercicio arrojaron que por más sonado que haya sido el tema, la mayoría de encuestados declara no saber a qué se refiere el término "ideología de género".[74] Provocando así que cada quien interprete y aplica a su conveniencia el concepto y justifiquen y disimulen su verdad previamente corrompida por la naturaleza de su pecado.

---

71 (CMHNTM) es un movimiento social que nació en Lima, Perú, el 26 de diciembre de 2016.
72 «El enigma George Soros». La República. 22 de diciembre de 2018. Consultado el 20 de abril de 2020.
73 «Los engaños detrás de la Ideología de Género». Diario uno.pe. 19 de febrero de 2017.
74 Ipsos Perú.

Aunque el término abarca una gran cantidad de temas, no son más que una maquinación diabólica y todos están encaminados hacia el mismo lugar, a la desinformación y el adiestramiento de las personas para permanecer, en un letargo físico, emocional y sobre todo espiritual para así tener a las personas alejadas lo más posible de Dios.

Usando la tecnología en todas sus formas, están adoctrinando a las nuevas generaciones, Engañando a los niños, imponiéndoles una normalidad retorcida, haciéndoles creer que la sexualidad "opcional" es un derecho natural, que la familia disfuncional no es tan desastrosa, y que el libertinaje ya no es parte de una disciplina ética.

Promueven en todos lados valores y ética diabólicos. Arrastrando a su paso y convenciendo también a aquellos que por flojera y comodidad ignoran los verdaderos valores y caen en un flagrante descuido emocional y espiritual, que arrastra a toda la familia a una inminente separación de Dios.

Alegando libertad de derechos, incitan a la rebeldía con aparente causa justificada, y no es más que libertinaje autorizado, demostrando así una pobreza espiritual aterradora que aparece ante el gran público con la cara lavada y la conciencia limpia, todo con la intención de Justificar la Imposición de su destructiva ley.

¿Cómo no nos dimos cuenta?

¿Cómo no me di cuenta? Muchas veces nos hemos hecho esa pregunta. La verdad es que, si nos dimos cuenta, solo que decidimos ignorarlo, ya sea por convicción o por flojera mental, (el adoctrinamiento de los últimos tiempos). Por experiencia, sabemos que a mucha gente no le gusta que le cuentes mentiras y se enojan, pero cuando les dices la verdad, algunos se ofenden. (últimamente, la llamada generación de cristal) los cuales argumentan cualquier verdad que les incomode.

Pero todavía estamos a tiempo, **ya podemos darnos cuenta** de que el famoso chip, ya está en nosotros, no tiene todo el control, pero cada día avanza más, el fin parece inevitable; sin embargo, no lo es, en realidad todavía podemos hacer lago para salvarnos de esta sentencia.

Para eso necesitamos estar bien **informados** y Dios tiene las palabras correctas, solo tenemos que buscarlas y entender que debemos hacer. **Entendamos** que el chip no es natural ni perfecto como la **voluntad de Dios.**

Es tan grande el dominio que, en la aplicación del concepto, instruyen a la gente a ver las cosas cotidianas con frivolidad aterradora, en el mundo, las crisis, los desastres, las leyes antinaturales, las políticas corruptas y las guerras solo son noticias, temas normales

75 Foto perteneciente al Museo de la Paz en memoria de Hiroshima.

que ya no despiertan la sensibilidad del humano son solo cosas que pasan y nos han hecho creer que es normal, además enseñan a usar el sistema y la religión para así alejarse de Dios. Contradicen la Biblia, con argumentos paganos, y adoctrinan a las masas a cuestionar e ignorar el poder y la voluntad de Dios. "¡Ay de vosotros, escribas y fariseos, hipócritas!, porque sois semejantes a sepulcros **blanqueados**, que por fuera lucen hermosos, pero por dentro están llenos de huesos de muertos y de toda inmundicia".[76]

Se dice que en el presente no hay profetas, pero Dios ha impuesto hombres que nos muestran el significado de nuestro actuar. Solo es cosa de abrir los ojos y oídos para darnos cuenta del mensaje que Dios sigue enviando. Para muestra basta un botón.

> Lo han cubierto de afiches /de pancartas de voces en los muros de agravios retroactivos de honores a destiempo lo han transformado en pieza de consumo en memoria trivial en ayer sin retorno en rabia embalsamada han decidido usarlo como epílogo como última thule de la inocencia vana como anejo arquetipo de santo o satanás y quizás han resuelto que la única forma de desprenderse de él o dejarlo al garete es vaciarlo de lumbre convertirlo en un héroe de mármol o de yeso y, por lo tanto, inmóvil o mejor como mito o silueta o fantasma del pasado pisado, sin embargo, los ojos incerrables del hombre miran como si no pudieran no mirar asombrados tal vez de que el mando no entienda.[77]

Por lo tanto, no debemos de temer como nos quieren implantar el tan temido "Chip" controlador de conciencias. Pues parece que nacimos predeterminados para adquirirlo paulatinamente atreves de la educación, las culturas y tradiciones, más bien creo que debemos luchar para sacar de nosotros ese chip que ya está muy arraigado

---

76 Mateo 23:27.
77 Mario Benedetti 1997 poema "El Che".

dentro de nuestro ser, (impuesto arbitrariamente y que no es parte de nuestro ADN).

Un claro y viejo ejemplo es sin duda la llamada Santa Inquisición: "Tribunal eclesiástico que inquiría y castigaba los delitos contra la fe y las buenas costumbres sociales". Y que no es más que un antecesor, solo que en versión modificada, pero con el mismo fin de la también llamada **censura,** cuya definición es: "Formar juicio de una obra u otra cosa, corregir, probar algo o a alguien"[78], ambos a su vez, una mala interpretación de las leyes de Moisés, que ambos sin duda en sus inicios tenían la verdadera intención de preservar la ética y los valores de la sociedad en todas las culturas en el mundo.

Pero no fueron capaces de mantener los principios de su creación y se han dejado manipular por el plan malévolo de satanás, quien a través del tiempo ha intervenido los conceptos, argumentando fallas y promoviendo una falsa defensa del ser humano, sin ir más lejos, en los últimos cien años, el cambio de ética y valores originales han desaparecido casi por completo, y al que llegase a manifestarlos lo tacharían de loco, de fanático y hasta de criminal.

Todo aquello que años atrás era, si no condenado, al menos re-prochado y se prohibía su realización so pena de castigo o de muerte, con el tiempo y argumentando modernismo, se fue suavizando has-ta ser tolerado bajo ciertas condiciones, con el tiempo y amparadas por las malamente llamadas mentes abiertas, la sociedad y el clero se rindieron ante la mentira justificada de satanás y hoy día no nada más aceptan, sino que autorizan y legalizan todo aquello que en un principio era condenado por estar fuera de la ética y valores cristianos. En forma de broma solo falta que sean obligatorias por ley todas esas faltas morales.

Solo basta con mirar en nuestro entorno para ver la corrupción espiritual en la que nos hemos dejado incrustar, solo por la flojera

---

78 Real academia de la lengua española.

física, emocional y espiritual, por la comodidad que nos ofrece la modernidad, el entretenimiento que creemos merecer para no preocuparnos por nada, y vivir felices solo con aceptar sin preguntar sin prestar atención a las bases originales.

Hoy día, la censura respaldada por los derechos humanos y otras organizaciones legalmente corruptas, han tergiversado el origen de sus principios basado en la palabra de Dios. Y echando por tierra toda la enseñanza que nos han heredado los verdaderos buscadores de la verdad. Por eso volvemos a la pregunta original: ¿cómo no nos dimos cuenta?

Bueno, se tenía que decir, ¡y se dijo!

Aprendí hace mucho a no luchar con un cerdo.
Tú te ensucias y al cerdo le gusta". [79]

Los mandamientos éticos

Es difícil escribir un libro, pero es fácil comenzar a leerlo y más fácil aún, criticarlo, creo que es evidente lo que dice este genio de la literatura universal[80]. Escribir un libro no es nada más un simple diálogo del escritor con una hoja en blanco, sino llevar una historia coherente de principio a fin.

Involucrando sus propias emociones mientras su pensamiento se desliza por el viento en busca de parajes insospechados para atrapar ideas capaces de transmitir un sentimiento que se adapte pacíficamente a la imaginación y no perturbe al formato adecuado ni la irresistible armonía del blanco y negro.

Decir a nivel universal todo lo que un escritor piensa, es sin duda un paso muy difícil de dar, sobre todo pensando si las ideas podrían ser malinterpretadas. Este escrito tiene solo la intención

79 George Bernard Shaw.
80 Gabriel García Márquez, Premio Nobel de Literatura.

de motivar, no de imponer nada, recordemos lo que dice la palabra de Dios: "Todas las cosas me son lícitas, pero no todas convienen; todas las cosas me son lícitas, pero yo no me dejaré dominar por ninguna".[81]

Bajo ese concepto, tenemos un margen de libertad para exponer y tratar de ayudar a los demás a desarrollar su libre albedrío con responsabilidad.

Podríamos escribir miles de mandamientos éticos, hechos por el hombre con la única intención de mantener un orden en la sociedad, pero en esta ocasión serán solo algunos considerados básicos y que no tienen origen bíblico, están relacionados con los estatutos divinos.

Un gran pensador dijo: "Errar es de humanos; perdonar es divino y rectificar es de sabios"[82] (*Errare humanum est*). Puede ser un concepto difícil de entender, pero intentarlo sería una buena forma de empezar el día. Si bien es cierto errar, es de humanos reconocer nuestro error es un acto de valor, el cual muchos no tiene y menos lo tienen para arrepentirse y pedir perdón. La sabiduría popular también tiene un sentido divino, lo podemos ver en frases, refranes, dichos y en un sinfín de pensamientos que a veces no sabemos de dónde viene. "Errar es humano, ocultar los errores es imperdonable, no aprender de ellos, no tiene justificación".[83] Desde que el hombre está en el mundo se ha caracterizado por sus errores, asimismo también se ha encargado de restregárselos en la cara tratando de aprender, a estos los hemos llamado grandes filósofos y han existido y seguirán existiendo porque la raíz del problema está grabada en nuestro ADN.

---

81 1 Corintios 6-12.
82 A pope.
83 Darío Echeverri Revista Colombiana de Cardiología.

"Errar es propio de cualquier hombre, pero solo del ignorante perseverar en el error"[84] , aun teniendo en sus manos la palabra de Dios que podríamos decir que es un código anti errores, o prevención de los mismos.

Es interesante como algunos usan a Dios para excusarse y tratar de justificar sus errores, escuche en una ocasión a una persona decir "Sí, me equivoqué, ¿y qué?". Luego dijo: "A ver, el que esté libre de pecado que tire la primera piedra", es lo que conocemos como verdades a medias. Creo que un poco de humildad nos vendría bien, y aunque no lo podemos evitar, pues también está en nuestra naturaleza la autodefensa de nuestros errores.

Un famoso cómico inglés[85] que, sin hablar decía mucho, dijo: "Errar es humano, pero echarle la culpa a alguien más es más humano todavía". Esa es también parte de la idiosincrasia del ser humano, y aunque parece jocoso, no lo es. Siempre es sabio aceptar que no somos perfectos, y la autojustificación siempre nos hará quedar mal ante los ojos de los demás. Creo que Dios mira nuestros errores y seguramente solo mueve su cabeza y sonríe, espero que así sea. No me justifico, solo digo: "pues sabemos que errar es de humanos".

---

84 Cicerón en Filípicas XII.5.
85 Charles Chaplin.

Perdonar es divino

"Este es el cordero de Dios que quita el pecado del mundo".
Esa es una afirmación que nadie puede refutar de ninguna manera.
Si así no fuera, no estaríamos leyendo esto. Pues Dios, en su gran
misericordia, así lo dispuso:

> Porque de tal manera amó Dios al mundo, que dio a su Hijo
> unigénito, para que todo aquel que cree en Él, no se pierda,
> más tenga vida eterna. Porque Dios no envió a su Hijo al
> mundo para juzgar al mundo, sino para que el mundo sea
> salvo por Él. El que cree en Él no es condenado; pero el que
> no cree, ya ha sido condenado, porque no ha creído en el
> nombre del unigénito Hijo de Dios.[86]

---
86 Juan 3;16-18.

Aunque tampoco excluye a los humanos de esa tarea o responsabilidad. Es verdad que una de las palabras que más tarda en salir de nuestra boca y se dice que es la más, una de las más difíciles de pronunciar es exactamente la palabra "PERDÓN".

El perdón no es un acto ocasional, es una actitud constante. Ahí está lo difícil, mantener constante en nuestro corazón y nuestro vocabulario esa palabra que alivia al que la pronuncia y al que la recibe.[87] Además, no podemos ser hipócritas y mentirle a Dios cuando le oramos y le decimos "Perdona nuestras ofensas, como nosotros perdonamos a los que nos ofenden" es verdad que mucha gente lo dice sin pensar, pero debemos tener cuidado con lo que oramos, pues todo es escuchado. Es necesario entenderlo porque todos estamos expuestos a equivocarnos y por ende también lo necesitamos. Cuidemos nuestros pensamientos y nuestras palabras, porque a veces todo lo que digamos puede ser usado en nuestra contra.

Un amigo me contó su experiencia, cuando se encontró de frente con el concepto llamado "perdonar", él afirma, que cuando se dio cuenta de que cargar bultos ajenos (problemas y derivados), era irracional e ilógico y sobre todo haberlos llevado por muchos lugares, en situaciones, por muchos años, entonces aprendió a dejarlos en el camino, pues no eran suyos. Se percató que su propia carga era ya de por sí muy pesada. Entonces decidió aprender a "perdonar" tuvo que aprender desde el principio, es decir, a perdonarse a sí mismo.

Creo que es una catarsis muy saludable, porque por naturaleza nos creemos que debemos perdonar o ser perdonados, pero pocas veces pensamos en perdonarnos a nosotros mismos, y ¿por qué habríamos de hacer eso? Pues yo creo que es necesario perdonarnos por habernos permitido hacer de nuestra vida lo que es, por los errores cometidos, las malas acciones en contra de nosotros mismos, el castigar nuestro cuerpo, nuestra mente y nuestro espíritu.

---

87 Martin Luther King.

Mi amigo dice que lo logró, con un largo tiempo de reflexión, arrepentimiento y oración; logró perdonarse y perdonar a los demás, asegura que desde ese día no ha tenido ningún sentimiento negativo que le dure más de tres minutos, afirma que se quitó un enorme peso de encima y que entendió el concepto enseñado por el maestro: "ama a tu prójimo, como a ti mismo".

Rectificar es de sabios

Nadie nace sabio, ¿estaremos de acuerdo con eso? La experiencia se adquiere poco a poco, Quien no recuerda este verso: "Caminante, no hay camino, se hace camino al andar. Caminante, son tus huellas, el camino y nada más; caminante, no hay camino, se hace camino al andar".[88]

Al andar se hace camino y al volver la vista atrás se ve la senda que nunca se ha de volver a pisar. Caminante no hay camino, sino estelas en el mar… es filosofía popular, pero en ocasiones aplica perfectamente en la vida de muchos.

Dios, en su infinita misericordia, siempre nos da más de una oportunidad para arrepentirnos y rectificar todos nuestros errores, y nos hace pensar que rectificar es de sabios, cuando la verdad es o

---

88 Antonio Machado y Serrat.

al menos debería ser un proceso natural, de obediencia, de amor en la búsqueda de un beneficio propio y que incluye siempre a otros.

Y les dirás que así dice el Señor:

> Los que caen, ¿no se levantan? El que se desvía, ¿no se arrepiente? ¿Por qué entonces este pueblo, Jerusalén, se ha desviado en continua apostasía? Se aferran al engaño, rehúsan volver. "He escuchado y oído, han hablado lo que no es recto; ninguno se arrepiente de su maldad, diciendo: ¿Qué he hecho?". Cada cual vuelve a su carrera, como caballo que arremete en la batalla. 'Aun la cigüeña en el cielo conoce sus estaciones, y la tórtola, la golondrina y la grulla guardan la época de sus migraciones; pero mi pueblo no conoce la ordenanza del SEÑOR. Cómo decís: "¿Somos sabios, y la ley del SEÑOR está con nosotros?", cuando he aquí, la ha cambiado en mentira la pluma mentirosa de los escribas. "Los sabios son avergonzados, están abatidos y atrapados; he aquí, ellos han desechado la palabra del SEÑOR, ¿y qué clase de sabiduría tienen?[89]

También es verdad que para reconocer nuestros errores y rectificar, es necesario una buena ración de humildad. Humildad que hemos ido escondiendo, y digo esto porque realmente eso pasa, no la hemos perdido, solo la estamos ocultando, pero ahí está, solo debemos abrir nuestro corazón para dejarla salir y que se manifieste como parte de nuestra naturaleza. No dejemos que por ignorancia perdamos muchas cosas buenas que Dios nos ha regalado.

No caigamos en la trampa, amenos sepas de esto, mejor vivirás, moraleja. "La ignorancia es sabiduría". Es indudable que en ocasiones la ignorancia oculta la desolación, porque es triste ver que "todo está perdido cuando los malos sirven de ejemplo y los buenos de burla"[90]. Por desgracia eso lo vivimos a diario en todo el mundo,

---

89 Jeremías 8;4-9.
90 Demócrito.

pero no olvidemos que la verdadera sabiduría está en reconocer la propia ignorancia.[91]

Entonces, como dijo Alexander Pope, reconozcamos que errar es de humanos, perdonar es divino y rectificar es de sabios, todo poniendo a Dios primero.

¡¡Basta!!

En los últimos tiempos, las ideas mediocres, o mal intencionadas que podríamos llamar (imposiciones) que generan entusiasmo e inspiran a las personas, llegan más lejos que las grandes verdades que parecen difíciles de creer o cumplir. Todo eso que no vemos está justo enfrente de nuestros ojos, disfrazado de razón lógica o de sentido común. Nos hablan de diversidad, igualdad, ideologías confusas (conspiraciones) de cosas que distorsionan la verdad y nos alejan de Dios y lo llaman libertad de expresión.

91 Sócrates.

Nos han estado adoctrinando desde hace muchos años, con conceptos y situaciones que suenan y se ven muy agradables y brillan como el oro, pero no es realmente oro. Que además llevan un solo propósito disfrazado de verdad, la Biblia dice que muchos corazones se enfriarían y con ese adoctrinamiento es lo que estamos enfrentando.

Uno de los más famosos fragmentos de la obra que escribió el gran José Zorrilla, fue el que dice Juan tenorio: "Llamé al cielo y no me oyó, mas si sus puertas me cierran, de mis pasos en la tierra responde el cielo, no yo".[92] Esta alegoría ha causado algarabía y entusiasmo en algunos intelectuales y críticos teatrales que durante muchos años han aplaudido este encuentro del chivo expiatorio que culpa al cielo de su irresponsabilidad. Pero ignoran el fragmento donde Al final pide clemencia ¡Aparta, piedra fingida! Suelta, suéltame esa mano, que aún queda el último grano en el reloj de mi vida, Suéltala, que, si es verdad que un punto de contrición da a un alma la salvación de toda una eternidad, yo, santo Dios, creo en ti; si es mi maldad inaudita, tu piedad es infinita… ¡Señor, ten piedad de mí!

Hagamos un análisis de esto, lo mismo que de Cervantes o Shakespeare, y algunos otros personajes que han prevalecido a lo largo de los años y han influenciado el adoctrinamiento presente que parece futurista. Las historias más famosas, como Romeo y Julieta, Otelo, Hamlet, o las locuras de don Quijote, nos presentan como "Clásicos" de la literatura, sin aclarar que solo son ficción. Nunca nos muestran abiertamente una verdadera literatura que nos defina como seres humanos y nuestra histórica y verdadera procedencia escrita y dirigida por Dios, nuestro creador y padre de nuestro salvador Jesucristo.

Promueven mucho la libertad de pensamiento, desvirtúan el libre albedrío, asegurando que somos arquitectos de nuestro propio

92 José Zorrilla y Moral fue un poeta y dramaturgo español.

destino. Nos dicen que somos dueños de nuestro universo y muchas patrañas más que, por desgracia, tienen para una gran mayoría más confiabilidad que la palabra de Dios. Un crítico ruso, al ver la corrupción mediática, decía: "No cabe duda de que cuando una persona se entrega por entero a la mentira, pierde hasta la imaginación y el talento".

Así, la mayoría de las personas, aseguran, sin arrepentimiento real, que Dios no los escucha y aseguran que *"cuando de nada te sirve rezar"*[93], deciden simplemente vivir de acuerdo a lo que se va presentando y es ahí donde la doctrina del mundo actual está creando **muertos que caminan.**

El efecto placebo

Mente abierta y mente cerrada

Hemos oído que un individuo tiene **mente abierta** cuando es más flexible y transigente con los demás, con sus ideas y opiniones, cuando tiene interés por aprender y experimentar cosas nuevas, cuando no tiene problemas en salir de su zona de confort y tiene siempre disposición para hacer o ver las cosas de una manera diferente.

La mente abierta, aunque acepta muchos conceptos que la mayoría no, siempre trata de ser realista y no escatima en investigar para corroborar su información y así logra ser justo y ecuánime.

---

93 Serrat "Caminante no hay camino".

Una mente abierta puede ser una trampa para caer en el libertinaje y el desinterés por los demás. Es ahí cuando el individuo se vuelve presa fácil del **efecto placebo**. Sustancia que, careciendo por sí misma de acción terapéutica, produce algún efecto favorable en el enfermo, si este la recibe convencido de que esa sustancia posee realmente tal acción.

Es el peligro que corren algunos que se jactan de ser mentes abiertas, por lo regular por mal informados o simplemente por falta de información. Nos han hecho pensar que la tecnología es el futuro. ¿Pero realmente lo es?

Servicios multimedia

"Que está destinado a la difusión por varios medios de comunicación combinados, como texto, fotografías, imágenes de video o sonido, generalmente con el propósito de educar o de entretener", por no decir "manipular a las masas".[94] Ya que crean una ilusión y hacen aparecer al público como cretinos sin inteligencia, proyectando tonterías, hacen que la gente no se dé cuenta de que el mundo se está desmoronando, en consecuencia, seguiremos destruyendo el planeta.

Tecnoestrés, se trata de una nueva patología, derivada de la tecno adicción, sin control. Es importante no confundir el intelecto con la fe, ambos pueden ir de la mano, pero es necesario saber discernir cuando deben de separarse por el bien propio, es necesario domar el intelecto y redirigirlo para buscar, un bien común. Todos tienen un talento, lo importante es ser la mejor versión de cada quien, pero la fe es otro concepto más complicado, "el que tenga oídos que oiga".[95]

Creen todo lo que les cuentan, lo que escuchan y lo que ven sin comprobar su veracidad y acostumbran a citar sus fuentes informativas con las frases: "Pues dicen que, o por ahí se dice, se rumora

94 Med marketing.
95 Biblia Reina-Valera.

que...", pero nunca dan una fuente fidedigna. Sin embargo, siempre creen estar en lo correcto.

Esta reflexión afirma: "¡Creemos, acertadamente, que, si tu dios es el dinero, el transhumanismo es tu religión!".[96] Grandes centros del poder económico y político actual representados fundamentalmente por las grandes empresas digitales (Facebook, Google) están invirtiendo grandes sumas de dinero en promocionar el transhumanismo. Al mismo tiempo que están creando un espejismo global para adoctrinar a la mente de las nuevas generaciones, están imponiendo ideologías diabólicas que destruirán la fe, la identidad natural de la familia, "mentes abiertas" (que en otro tiempo llamaríamos locos), que quieren jugar a ser dios y ha definido como "un movimiento cultural, intelectual y científico que afirma el deber moral de mejorar las capacidades físicas y cognitivas de la especie humana, y aplicar al hombre las nuevas tecnologías, a fin de que se puedan eliminar los aspectos no deseados y no necesarios de la condición humana: el padecimiento, la enfermedad, el envejecimiento e, incluso, la condición mortal".[97]

La mente cerrada es simplemente una mente abierta, mal informada, trastornada, libertina y ajustable a su entorno y conveniencia.

Basta ya de esquivar nuestra responsabilidad. Siempre pasan desgracias y culpamos al gobierno o a alguien más, pero no reconocemos nuestra culpa. Parece una acción automática el evadir algunas cosas y buscar un chivo expiatorio. Desafortunadamente, la educación es parte de esa mente cerrada, pues fomenta superhéroes ficticios y esconden al verdadero salvador del mundo.

---

96 Albert Cortina es abogado y urbanista. Director del Estudio DTUM.
97 Nick Bostrom (Niklas Boström en sueco) es un filósofo sueco de la Universidad de Oxford.

98 Dibujo de Paolo Vardiero.

¿El próximo de mis viajes?

Este viaje, que comenzó el día de tu nacimiento, pronto terminará, es tiempo de poner en una balanza tus acciones y determinar como ha sido tu vida en este siclo.

Aunque aún falta no sabemos cuánto, es necesario pensar qué más puedo hacer. Alguien dijo adecuadamente que "viajar es añadir viva a la vida"[99]. La mejor vida no es la más larga, sino la más llena de buenas acciones.

¿A dónde vamos?

A veces, encontramos nuestro destino justo en el camino que tratamos de evitar, es decir, no podemos esquivar lo que es para nosotros. Como dicen (lo que es para ti, aunque te quites y si no lo es, aunque te pongas). La experiencia de nuestras vidas es no olvidar a aquellos maestros que nos enseñaron donde buscar, pero no interfirieron en nuestra capacidad para lo que debíamos ver e interpretar. Así aprendimos a desarrollar y a vivir mejor entendiendo nuestro libre albedrío.

Podríamos decir que sabemos de dónde venimos, lo difícil es saber a dónde vamos, pues no está al alcance de nuestro deseo. Pues eso es designo Divino.

---

99 Marie Curie.

En la vida vamos de lo sublime a lo ridículo

Algún día podremos aventurarnos más allá de donde estamos hoy, dejar lo conocido y dar los primeros pasos hacia nuestro futuro. Así que no regresemos a lo que era normal, sino que alcancemos lo que sigue, que seguramente siempre será algo mejor, si es que hacemos lo suficiente para que así sea.

Como ya dijimos antes: aprendamos a desaprender, encontrando no novedoso, pero sí diferente estilo para nuestro viaje diario, con la rodilla en el piso poniendo la voluntad de Dios primero seguramente llegaremos a buen puerto.

"¡El mejor de mis viajes es el último que voy a realizar!".[100] Y seré tan feliz como cuando hice el primero, ¡porque sé perfectamente a dónde voy y de dónde vengo!

---

100 Martín López Artista dibujante de este libro.

Interpretando la idea de Rendueles

En la cultura de la igualdad[101], es fundamental repensar el mundo de la cultura, pero ¿qué es cultura? Actualmente, las líneas entre cultura y mercado están gravemente difuminadas y con grandes discusiones sobre ellas.

¿Cómo ser buen viajero? Un fin del mundo compartido, no puede dejar indiferente a nadie. Que incluyera una parte sobre la crisis del cambio climático que se debería abordar urgentemente. Los cambios no son siempre lineales ni ordenados, pero que se ha de plantear ya un nuevo sistema basado en un proyecto igualitarista.

Recuerdos de mi infancia que hoy día me provocan risa y tristeza. En mi pueblo siempre esperábamos la Semana Santa con gran entusiasmo, pero no precisamente para conmemorar la pasión de Cristo o por razones religiosas, ¡no! Era porque no teníamos que trabajar ni ir a la escuela. Era el pretexto perfecto para ir a la playa u otro lugar a vacacionar. Todos celebraban y esperaban la Semana Santa por los numerosos eventos, como grandes conciertos, ofertas de comida, viajes, ropa, vinos y licores. Recuerdo que mis familiares decían que durante la Cuaresma no se lavaba la ropa los viernes y no se comía carne. Era una semana en la que podíamos hacer muchas cosas, entre ellas ignorar el verdadero motivo de la Semana Mayor.

Vienen a mi memoria las fiestas en las casas o en salones sociales. Lo más curioso es que todo esto ocurría el jueves, viernes y sábado, eso sí, el domingo íbamos a misa, la misma que al terminar se convertía en una tertulia para festejar, aunque nadie supiera exactamente qué. Se comía de todo lo tradicional, los mayores tomaban generosamente cerveza y vino, fumaban, y al calor de las copas surgían pleitos, tanto físicos como verbales. Se perdía el respeto y el significado de la tan esperada Semana Santa, solo una cosa no se permitía: esa semana, nadie comía carne, porque es "pecado".

---

101 Rendueles, César (2020). Contra la igualdad de oportunidades. Un panfleto igualitarista.

¿Cómo argumentar contra este concepto cultural? Si tal parece que los humanos nos empeñamos, para nuestra conveniencia, en crear siempre subculturas por encima de las culturas establecidas. As lo dijo en su oración Joe Wright: "Señor, venimos delante de ti este día, para pedirte perdón y para pedir tu dirección. Sabemos que tu palabra dice: 'Maldición a aquellos que llaman bien lo que está mal' y es exactamente lo que hemos hecho. Hemos perdido el equilibrio espiritual y hemos cambiado nuestros valores".[102] ¿Te suena familiar? Así debe de ser, no creo que alguien ignore esta verdad.

"Hay que viajar ligero,
porque Viajar ligero es viajar feliz"

Nuestro próximo destino es incierto, debemos depender de la voluntad Divina para llegar al mejor lugar, es por eso que desprendernos de todo aquello que nos impida ir tranquilos es fundamen-

102 Oración-de-Joe-Wright en la "Kansas House of Representatives".

tal, es decir, viajar ligeros de dogmas, culturas, tradiciones, falsas creencias y otras cargas innecesarias. Sobre todo, no debemos viajar cargando pasados muertos, ni propios, ni ajenos, pues como se dice "cada día tiene su propio afán".

Nosotros somos nuestro medio de transporte, tenemos el mando de nuestro timón, el control de la velocidad, el freno y las señales de alerta. Conocemos nuestro punto de partida y sabemos cuál es nuestra meta. Sabemos quién es el camino, quién es la luz y que no estamos solos en el viaje. ¿Qué nos detiene? Vamos por ello sin miedo, sabiendo que Cristo ha abierto las puertas para que lleguemos, pues, confiadamente al trono de su gracia, para alcanzar misericordia, y hallar gracia para la ayuda oportuna. Siempre confiando en que hoy es un buen día para empezar de nuevo[103]. La disciplina tarde o temprano vencerá a la inteligencia.[104]

---

103 Hebreos 4-16.
104 El conferencista colombiano de origen japonés, Yokoi Kenji.

Podemos empezar con la pregunta clave. ¿Qué quiere Dios de nosotros? ¿Y qué debemos nosotros hacer para agradar a Dios? ¡¡¡Obediencia = paz y seguridad!!!

Un buen ejemplo, y parafraseando los versículos: "Porque así se me ordenó por palabra del Señor, que me dijo: No comerás pan, ni beberás agua, ni volverás por el camino que fuiste".[105]

La trampa: "Y el otro le respondió: Yo también soy profeta como tú, y un ángel me habló por palabra del Señor, diciendo: Tráelo contigo a tu casa, para que coma pan y beba agua. Pero le estaba mintiendo. Entonces se volvió con él, comió pan en su casa y bebió agua".

La sentencia: "Y sucedió que después de haber comido pan y de haber bebido agua, aparejó el asno para él, para el profeta que había hecho volver. Y cuando este había partido, un león lo encontró en el camino y lo mató, y su cadáver quedó tirado en el camino, y el asno estaba junto a él; también el león estaba junto al cadáver. Y he aquí, pasaron unos hombres, y vieron el cadáver tirado en el camino, y el león que estaba junto al cadáver; y fueron, y lo dijeron en la ciudad donde vivía el anciano profeta. Y cuando el profeta que le había hecho volver del camino lo oyó, dijo: Es el hombre de Dios, que desobedeció el mandato del SEÑOR; por tanto, el SEÑOR lo ha entregado al león que lo ha desgarrado y matado, conforme a la palabra que el SEÑOR le había hablado".

Pensemos, si el primer hombre, Adán, después de decir: "La mujer que tú me diste por compañera me dio del árbol, y yo comí"[106]. Si hubiera dicho, por favor, Señor, ten piedad de nosotros y perdónanos". ¿Qué hubiera pasado?

---

105 1 Reyes 13.
106 Génesis.

¿Qué aprenderemos de esto que Dios ha puesto ante nosotros? "El que tenga oídos, que oiga". Mucha paz tiene los que aman tu ley y no hay para ellos tropiezo.[107] ¿A quién tengo yo en los cielos, *sino a ti?* Y fuera de ti, nada deseo en la tierra. "Por tres métodos podemos aprender sabiduría: primero, por la reflexión, que es la más noble; segundo, por imitación, que es lo más fácil; y tercero, por la experiencia, que es la más amarga".[108] Estos tres tragos no son opcionales en la vida, sino obligatorios, solo necesitamos saber el orden que nos conviene. "Dobla rodillas y ora", Dios te dará la guía correcta.

No todo está perdido

Todos hemos escuchado que el temor del SEÑOR es el principio de la sabiduría; los necios desprecian la sabiduría y la instrucción. ¿Por qué seguimos haciendo lo mismo?[109] ¿Por qué la necedad de seguir rechazando la verdadera instrucción, es acaso un sistema de autodestrucción en caso de enfrentar la verdad? Sí que los seres humanos somos incomprensibles, aun cuando conocemos la historia, no prevemos su repetición.

107 Salmo 119:165.
108 Confucio.
109 Proverbios 1-7.

¿Dime hermano, te parece familiar esto que está escrito? "Y la tierra se había corrompido delante de Dios, y estaba la tierra llena de violencia. Y miró Dios a la tierra, y he aquí que estaba corrompida, porque toda carne había corrompido su camino sobre la tierra. Entonces Dios dijo a Noé: He decidido poner fin a toda carne, porque la tierra está llena de violencia por causa de ellos; y he aquí, voy a destruirlos juntamente con la tierra".*[110]*

Es verdad que no habrá un diluvio como en el pasado, Tenemos la promesa de Dios que no será así, sin embargo, tenemos también la promesa de que Cristo volverá y con Él, el juicio final y creo que eso debería darnos más miedo que un diluvio o cualquier otro castigo a consecuencia de nuestra desobediencia.

NO ES TAN DIFÍCIL ENTENDER ESTO, LO DIFÍCIL ES ACEPTARLO

Si nos atrevemos a hacer un análisis profundo de las situaciones que se han estado viviendo en todo el mundo, podríamos decir que **la lucha entre el bien y el mal se está perdiendo.** Que el bienestar y la salvación del ser humano se ha corrompido, los gobiernos han fracasado en la política y los diálogos de paz.

Que algunos grupos conspirativos se han dedicado a solapar y promover el libertinaje físico, emocional, y espiritual. "Con la intención de crear un nuevo orden mundial" (están jugando a ser dios) Con el pretexto de defender los derechos humanos han entorpecido, tergiversado los conceptos, y se han propuesto reinventar al mundo olvidándose de Dios, o poniéndolo en un segundo término.

Ante este análisis, observamos con pesar la decadencia del ser humano, que se deja llevar como una veleta, moviéndose según los vientos que lo obligan a dejar de ser independiente

---

110 Génesis 611-13 Santa Biblia.

y lo convierten en dependiente del sistema impuesto por grupos que buscan eliminar la identidad humana. Lamentablemente, todo indica que están teniendo éxito, bajo el pretexto de luchar por la igualdad, que paradójicamente ha generado desigualdad al propagar ideas de ideología de género, lo que ha llevado a la descomposición social y la corrupción de la ética y los valores divinos.

Desde hace mucho tiempo, los muertos caminan entre nosotros, entre un puñado de seres vivos que intentan despertarlos, aquellos que predican el evangelio y son ignorados. Hay grupos satánicos que desafían a Dios, intentando luchar por las almas y aspirando a la eternidad, aunque saben que su lucha está perdida. El mensaje es: "Tú eres la luz, el Ser o no Ser, sin ninguna pregunta solo por fe".

Porque creemos en la promesa del Señor:

> Pero ahora en Cristo Jesús, vosotros, que en otro tiempo estabais lejos, habéis sido acercados por la sangre de Cristo. Porque Él mismo es nuestra paz, quien de ambos pueblos hizo uno, derribando la pared intermedia de separación, aboliendo en su carne la enemistad, la ley de los mandamientos expresados en ordenanzas, para crear en sí mismo de los dos un nuevo hombre, estableciendo así la paz, y para reconciliar con Dios a los dos en un cuerpo por medio de la cruz, habiendo dado muerte en ella a la enemistad.[111]

Dios no miente, no engaña, es fiel y sobre todo no puede ser burlado. Hace más de cincuenta años un famoso comediante hizo este discurso, seguramente pensando igual que muchos que todo estaba perdido y la esperanza de rescatarlo era muy poca. Pero, aun así, había una esperanza, hoy día ese discurso sigue siendo fresco, actual y profundo.

Tenemos que ayudarnos los unos a los otros; los seres humanos somos así.[112] Queremos hacer felices a los demás, no hacerlos desgraciados… No queremos odiar ni despreciar a nadie. En este mundo hay sitio para todos y la buena tierra es rica y puede alimentar a todos los seres. El camino de la vida puede ser libre y hermoso, pero lo hemos perdido. La codicia ha envenenado las almas, ha levantado barreras de odio, nos ha empujado hacia las miserias y las guerras.

Hemos progresado muy deprisa, pero nos hemos encarcelado a nosotros mismos. El maquinismo, que crea abundancia, nos deja en la necesidad.

Nuestro conocimiento nos ha hecho cínicos. Nuestra inteligencia, duros y secos. Pensamos demasiado, sentimos muy poco Más

---

111 Efesios 2;13-16 Reina-Valera.
112 El discurso de Charles Chaplin. El gran dictador.

que máquinas **necesitamos humanidad**. Más que inteligencia, tener bondad y dulzura. El capítulo 17 de San Lucas se lee: "El Reino de Dios está dentro del hombre, no de un hombre, ni en un grupo de hombres, sino en todos los hombres...".

Evitemos vivir dentro de una burbuja que nos mueva de un lado a otro y nos aísle del mundo, siempre existirá el peligro de romperse porque una burbuja no sobrevive en un mundo lleno de alfileres, "cada quien ofrece, lo que tiene en su corazón".

"Es mejor refugiarse en el SEÑOR
que confiar en el hombre".[113]

Buda decía: "Ayuda un poco a las personas y les harás bien, ayúdalos demasiado y les harás un daño irreparable".[114]

Muchos años después...

---

113   Salmo 118.8.
114   Buda, deidad oriental (dios chino).

¿No hemos aprendido nada?

Dicen que segundas partes nunca fueron mejores, pero cuando las bases están razonadas en la palabra de Dios. No hay segundas partes, todo es simplemente La saga de la vida y ya. Por eso, la pregunta, después de todo lo que hemos vivido en carne propia, los últimos años. ¿No hemos aprendido nada?,

Mirando hacia atrás, miles de personas se preguntan ¿cómo no nos dimos cuenta? Justificando nuestra estupidez, porque ¡sí lo vimos venir!, solo que pensamos, eso no me puede ocurrir a mí, (inocente pobre mortal).

Por años, se nos dijo "cambien su mentalidad", inclusive la Biblia nos dice: "Como hijos obedientes, no se conformen a los deseos que antes tenían en su ignorancia"[115], se nos dijo; no nos conformamos a este tiempo, pero nos dejamos contaminar la mente, el cuerpo y el espíritu con información falsa y nosotros, por negligencia, la aceptamos sin averiguar, sin argumentar, sin pensar nada. Como mansos al matadero fuimos siendo llevados, con los ojos cubiertos por la ignorancia, con la que por tantos años y por comodidad, nosotros mismos nos cobijamos. Nunca nos dimos tiempo para doblar rodillas y mirar hacia arriba, en busca de socorro.

Cada cierta temporada, nos ofrecían una quimera[116] como si fuera la última esperanza de salvación en nuestra mísera existencia, y nosotros, cada cierta temporada, la conseguíamos, como verdadera. La elite del poder juega al gato y al ratón con todos en el planeta, hacen guerras y financian ambos bandos con el único propósito de

---

115 1, Pedro 1-14.
116 Real academia de la lengua española.

confundir con información más destructora que las bombas, para alejar o destruir el pueblo de Dios.

Aprender es difícil, por eso tanta gente es ignorante

Los siglos XIX y XX fueron cuneros de grandes mentes creadoras, de una manera impresionante la humanidad avanzo en doscientos años, más que en toda la historia del mundo. Se descubrieron cosas increíbles que facilitaron la vida de la raza humana. Pero al mismo tiempo, el mal uso de esa nueva tecnología, hijo que los científicos se enfocaran más en cosas frívolas, con el pretexto del concepto, humanidad, modernidad y desarrollo que solo condujo, a la imparable decadencia del mundo, di comienzo a una decadencia intelectual que nos arrastró, hasta lo que nos estamos convirtiendo hoy día, hasta que fuimos incapaces de solucionar por nosotros mismos los problemas más elementales. El hombre es la especie más insensata, pues venera a un Dios invisible, pero masacra una naturaleza visible, sin saber, que esa naturaleza que él masacra, es ese Dios invisible que la venera.[117]

Tal parece que la gente dejó de usar el cerebro, el intelecto de la mayoría se fundió por la contaminación mental de los medios de comunicación, durante décadas, el proyecto futurista, que los gobiernos tenían para la raza humana, siempre estuvo frente nuestros ojos. Hoy día se glorifica los vicios y se aborrece la disciplina y la virtud, sin pensarlo, pasamos a ser parte de una estupidización colectiva, voluntaria. Todo el tiempo no lo mostraron y no fuimos capaces de percibirlo.

Einstein dijo: "Dos cosas son infinitas, el universo y la estupidez humana, pero aún no estoy totalmente convencido respecto al universo".[118] Porque al menos dos tercios de nuestras miserias provienen de la estupidez humana, de la malicia humana y de esos grandes motivadores y justificadores de la malicia y la estupidez, el idealismo,

117 Astrofísico, Hubert Reeves.
118 Albert Einstein in and out the garbage pail by Frederick S. Perls.

el dogmatismo y el celo proselitista en nombre de ídolos religiosos o políticos.

Las personas se volvieron tóxicas porque alguien les dijo la verdad

Pero, algo más desarrollado que la propia estupidez, es el hacerse el tonto, poner el cerebro en automático, no escuchar, no ver. Haciéndose el huérfano. Es increíble, vi una película que nunca tuvo éxito, llamada Idiosincrasia[119] donde al final el actor da un discurso breve recordando el pasado.

Saben, hace algún tiempo en este país, la gente inteligente era considerada genial. Tal vez no todos eran genios, pero la gente inteligente realizaba grandes hazañas, como construir barcos, pirámides e incluso llegar a la luna. También hubo una época en la que leer y escribir no eran actividades exclusivas para intelectuales; las personas con imaginación creaban historias y películas con contenido importante. Existía la esperanza de que se pudiera recuperar ese tiempo, pero parece que la película no tuvo éxito porque la gente no creía que la estupidez humana pudiera desarrollarse hasta alcanzar tales niveles monstruosos. Además de películas, canciones, revistas e incluso caricaturas, todos transmitían un fatídico mensaje futurista. Sin embargo, no lo vimos venir y no fuimos capaces de percibirlo.

En una ocasión, el presidente Ronald Reagan dijo que éramos víctimas del mal uso del lenguaje. Advirtió que una de las frases más aterradoras en el idioma inglés era: "Soy del gobierno y estoy aquí para ayudar". Desde entonces, cada vez que un miembro del gobierno ha pronunciado esas palabras, el mundo tiembla, porque la "ayuda" significa humillación, robo y muerte.

Bajo la pretensión de ayudar, nos engañaron para saquear los recursos naturales de otros países. Todo empezó con la declaración

---

119 Realizada 2006 por Century Fox y dirigida por Mike Judge.

de "estamos aquí para ayudar" y terminó en genocidio. Lo hemos presenciado después de cada desastre natural o detrás de alguna de las guerras que sabemos son provocadas con la intención de manipular al mundo.

Las noticias

Todos los medios de comunicación se volvieron indispensables, ya que eran la única forma de obtener información, aunque siempre era a medias, sobre lo que deberíamos o no deberíamos hacer. Nos hablaban de los villanos, los genocidas antagonistas, los carroñeros, pero nunca se presentaban a sí mismos como uno de ellos. Prefirieron enaltecerse ocultando la verdad en lugar de revelarla.

Ignoramos el poder de los libros para curar la enfermedad más peligrosa y contagiosa de todas: la ignorancia. De repente, el mundo se llenó de proxenetas intelectuales, tanto hombres como mujeres. También se puso de moda el tema de la ideología de género y se hablaba mucho de la inclusión en la sociedad en general, lo cual era otra maquinación satánica. Hubo una época en la que ser un idiota era motivo de vergüenza en todos los ámbitos, pero hoy en día es moda y se ostenta con orgullo. Nos han hecho dudar del valor de nuestro intelecto.

Sin embargo, nunca debemos pensar que hay gloria en la estupidez humana. Un idiota no deja de serlo por ser rico y famoso. Hoy todo es superficial, pero nada es profundo. Si estás en contra, eres considerado enemigo de la sociedad. Así es como han dejado morir a genios sin saberlo, sin que se hayan manifestado.

Nietzsche[120] afirma que la vida carece de significado, propósito o valor, este hombre que fue un pensador que se decía ateo, sin saber que, en cada una de sus ideas, nombraba a Dios. En una ocasión dijo: "A veces la gente no quiere escuchar la verdad, porque no quiere que sus ilusiones se vean destruidas". Igual se contradecía

---

120 Friedrich Nietzsche, filósofo alemán.

al decir que no miente tan solo aquel que habla en contra de lo que sabe, sino, también aquel que habla de lo que no sabe.

Pobre hombre, que ignorando la fe, en la palabra de Dios, en su delirio; dijo que La esperanza es el peor de los males, pues prolonga el tormento del ser humano. Así, como a él, nos dijeron que la vida sería más fácil y nos vendieron la idea de la nueva tecnología. ¿Aparatos inteligentes para personas idiotas? O flojas. Muchos argumentaban que era simplemente práctico usarlos.

Pero creo, que el aumento de aparatos inteligentes, es proporcional a lo tonto que nos fuimos volviendo. La inteligencia artificial, aplasto nuestra capacidad de pensar. Las personas fueron incapaces de hacer trabajos manuales, matemáticas con papel y lápiz, cosas elementales. Se promovió la generación sin talento.

Las generaciones

La palabra generar viene del latín *generare*, que significa engendrar[121]. La palabra generación, como grupo o cohorte en las ciencias sociales, significa todo el grupo de individuos que nacen y viven más o menos al mismo tiempo, la mayoría de los cuales tienen aproximadamente la misma edad y tienen ideas, problemas y actitudes similares.

De la nada empezaron a etiquetar a las personas por generaciones, de tal año a tal año, algunos son *baby boomers*. Otros son la generación X, la generación Z, los millenials, los centennials y otras ocurrencias más. Al final solo degradaron las épocas.

Hoy día, la palabra moda no sostiene los argumentos que pregonan, pues siempre es efímera y cambiante. Vivimos bajo un sistema que nos miente para controlar nuestras mentes. No podemos procesar la visión de lo que paso y seguirá pasando, por la saturación de mentiras que nos invaden en todo tipo de medios informativos, que

121 Real academia de la lengua española.

nos inyectan a diario un sutil virus que pretende controlar nuestra voluntad.

¿Cómo han controlado al mundo? Guerras, pan y circo o terrorismo mediático, el peor error del ser humano fue no pensar por sí mismo, y aceptar todo lo que los medios le anteponen como una verdad absoluta. Se enfrentó a una sociedad que fue alimentada por todo tipo agendas políticas y placeres para mantenerlo contento, relajado y desconectado de una realidad que lo estaba destrozando poco a poco.

Por medio del CBDC[122] controlaron el manejo de efectivo y están a punto de desaparecerlo, porque este organismo es la mejor manera de controlar al mundo, pues saben dónde está tu dinero, en que lo gastas y as quien se lo das. Los bancos están dejando de aceptar efectivo. Ni cheques. Y si no tienes cuenta de banco, simplemente ya no existes para el sistema.

Gradualmente, nos están convirtiendo en esclavos, conejillos de indias, ratas de laboratorios, manipulables con el propósito de satisfacer aquellos, que dominan el sistema, y todo eso lo hicimos voluntariamente. Los medios de comunicación ya no estaban para informarnos, sino para imponernos una opinión de la cual o estabas a favor o estabas en contra, el hecho es, que, si estabas en contra,

---

122 Central Bank Digital Currency.

eras considerado enemigo del pueblo y de la sociedad. Muchos se convirtieron en muertos que caminan.

Estos manipuladores oligarcas nos dividieron, nos obligaron a odiarnos unos a otros sin ningún motivo, nos convencieron de que ignorar a Dios, era la mejor opción. Y cuando estábamos a punto de matarnos unos con otros, controlaban la situación con un nuevo entretenimiento, vendiéndonos la idea que juntos seremos mejores, es decir, nos volvían a unir para después volver a empezar el ciclo de destrucción.

La deshumanización y el desaliento es hoy día una realidad, hicieron del hombre de honor, con ética y valores, un ser retrógrado, que cree que, sin Dios, las cosas van a cambiar para bien, que derroche de ignorancia, pero así fue que la estupidez humana se volvió el pan de cada día, y lo vimos como algo normal.

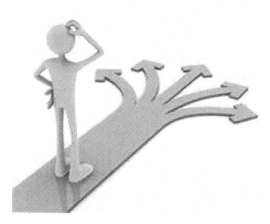

Nos han enseñado, que la guerra, es un quehacer esencial, humano, que solamente nuestra especie hace la guerra, que poco apoco, nos despoja de lo humano y nos convierte en fieras bélicas. Nos dijeron, que había nobleza en el combate y eso es una vil falacia, pues denigra la esencia divina del hombre; Así, aunque siempre se negará, las grandes victorias, siempre, terminarán siendo derrotas ocultas. Nunca se dijo, que la guerra es consecuencia del fracaso de una mala política.

En un tiempo se habló sobre la agenda 2030 y se dijo que es una inmoralidad. Pero nadie hizo nada, fuimos en contra de la evolución, de la conciencia colectiva de la humanidad, a nadie le preocupo comprobar que es verdad y que es mentira. Nos impusieron un régimen que estaba profetizado desde hace más de dos mil años:

> Entonces, Samuel habló todas las palabras del SEÑOR al pueblo que le había pedido rey. Y dijo: Así será el proceder del rey que reinará sobre vosotros: tomará a vuestros hijos, los pondrá a su servicio en sus carros y entre su gente de a caballo, y correrán delante de sus carros. Nombrará para su servicio comandantes de mil y de cincuenta, y a otros para labrar sus campos y recoger sus cosechas, y hacer sus armas de guerra y pertrechos para sus carros. Tomará también a vuestras hijas para perfumistas, cocineras y panaderas. Tomará lo mejor de vuestros campos, de vuestros viñedos y de vuestros olivares y los dará a sus siervos. De vuestro grano y de vuestras viñas tomará el diezmo, para darlo a sus oficiales y a sus siervos. Tomará también vuestros siervos y vuestras siervas, vuestros mejores jóvenes y vuestros asnos, y los usará para su servicio. De vuestros rebaños tomará el diezmo, y vosotros mismos vendréis a ser sus siervos. Ese día clamaréis por causa de vuestro rey a quien escogisteis para vosotros, pero el SEÑOR no os responderá en ese día.[123]

Tal cual se cumplió; aun así, mucho siguen sin mirar al cielo, en busca del Señor.

Frente a nuestros ojos

En la década de 1990, el periodista canadiense Serge Monast propuso la idea de que ciertas agencias gubernamentales o "élites globales" tenían un plan secreto para establecer un Nuevo Orden

---

123 Ezequiel 36.

Mundial. Según esta teoría, este plan se llevaría a cabo utilizando tecnología avanzada para simular un evento de proporciones apocalípticas. Monast sugirió que el proyecto se desarrollaría en cuatro etapas clave, y que actualmente nos encontraríamos en la primera: "La destrucción de todos los conocimientos arqueológicos y religiosos actuales". Algunos pueden encontrar esta idea muy familiar, ya que parece estar sucediendo en la actualidad.

La segunda etapa implicaría la simulación de la segunda venida de figuras religiosas mediante proyecciones holográficas en el cielo. La tercera etapa incluiría la combinación de señales electrónicas y telepáticas dirigidas a las mentes de las personas para inculcar ideas y creencias, un proceso que, según Monast, también está en marcha y bastante avanzado.

La cuarta etapa implicaría el establecimiento de un "dios electrónico" que convencería al mundo de seguir una nueva religión y un nuevo orden, utilizando tecnología capaz de simular desastres naturales para dominar la naturaleza. Los creadores de esta teoría afirman que el objetivo final es un control total sobre la población y la implementación de un único gobierno mundial.

Sin embargo, es importante destacar que la mayoría de los expertos y analistas consideran que el Proyecto Blue Beam es una teoría conspirativa sin fundamento y carece de evidencia sólida. Aunque ha sido desacreditado en múltiples ocasiones, sigue siendo un tema recurrente. Como se suele decir, para ocultar algo a los ojos de los demás, a veces se coloca justo frente a ellos.

Carácter y conducta de los hombres en los últimos días

Pero debes saber esto: que en los últimos días vendrán tiempos difíciles. Porque los hombres serán amadores de sí mismos, avaros, jactanciosos, soberbios, blasfemos, desobedientes a los padres, ingratos, irreverentes, sin amor, implacables, calumniadores, desenfrenados, salvajes, aborrecedores de lo bueno, traidores, impetuosos, envanecidos, amadores de los placeres en vez de amadores de Dios; teniendo apariencia de piedad, pero habiendo negado su poder; a los tales evita.

Porque entre ellos están los que se meten en las casas y llevan cautivas a mujercillas cargadas de pecados, llevadas por diversas pasiones, siempre aprendiendo, pero que nunca pueden llegar al pleno conocimiento de la verdad. Y así como Janes y Jambres se opusieron a Moisés, de la misma manera estos también se oponen a la verdad; hombres de mente depravada, reprobados en lo que respecta a la fe.

Pero no progresarán más, pues su insensatez será manifiesta a todos, como también sucedió con la de aquellos dos.[124]

Todos aquellos guerreros de excelencia, que aún quedan en el mundo, jamás se rendirán, pues ponen por delante a Dios y su fe es inquebrantable.

Principios básicos

El secreto de la libertad radica en educar a las personas, mientras que el secreto de la tiranía está en mantenerlos ignorantes.[125] La ciencia afirma, que necesitamos al menos cuatro elementos básicos para sobrevivir, en este mundo. Agua, aire, alimentos y luz. Y la palabra dice de Jesús; *Yo soy fuente de agua viva. Yo soy aliento de vida. Yo soy el pan de vida, yo soy la luz del mundo.* Con Él lo tenemos todo, sin Él no somos nada.

Los principios básicos son pocos, pero muy importantes, entre ellos está creer, buscar la información correcta, aplicarla a nuestras vidas y compartirla con los demás, para la gloria de Dios. Cuando la voluntad es completa, el trabajo se convierte en un placer.

---

124 2 Timoteo 3.
125 El investigador.org.

El poderoso libre albedrío

Poderoso, pero también muy peligroso, por qué; no es lo mismo gozar de una libertad de elección, donde tu criterio, puede determinar tu salvación o tu perdición, una mala decisión, te llevaría a un libertinaje descontrolado con consecuencias irreversibles.

Es por eso que el libre albedrío debe usarse sabiamente. "Mira que te mando que te esfuerces y seas valiente; no temas ni desmayes, porque Jehová, tu Dios, estará contigo, dondequiera que vayas".[126] El libre albedrío, unido con la voluntad de Dios, es la voluntad humana, unida con la voluntad divina. Es el esfuerzo humano, unido con la bendición de Dios, una vez más, cuando la voluntad es completa, el trabajo se convierte en placer.

¡Un reino dividido no prevalece!

De igual forma; importante saber, que el ser humano fue diseñado, para vivir en comunión y unidad con los demás. Si un reino está dividido contra sí mismo, ese reino no puede perdurar.[127] Y si una casa está dividida contra sí misma, esa casa no podrá permanecer....

¿Qué dijo Jesús sobre el reino dividido? Jesús, que sabía, lo que estaban pensando, les dijo: «Un reino dividido acaba por destruirse. Una ciudad o una familia divididas no pueden durar. Jesús conocía sus pensamientos y les contestó: «Todo reino dividido por una guerra civil está condenado al fracaso. Una ciudad o una familia dividida por peleas se desintegrará.

Pero tenemos una promesa: "No se oirá hablar más de violencia en tu tierra, ni de desolación, ni de destrucción dentro de tus límites; sino que llamarás a tus murallas salvación y a tus puertas alabanza. Ya el sol no será para ti luz del día, ni el resplandor de la luna te alumbrará; sino que tendrás al Señor por luz eterna, y a tu Dios por tu gloria".[128]

126 Josue 1;9.
127 Mateo 3 23. Biblia 1569.
128 Isaías 60 Santa Biblia.

La culpa es la moneda barata, es el camino del cobarde, solo los valientes asumen la responsabilidad, que les corresponde. Y nosotros somos Cristianos Valientes.

No todo está perdido, aunque así lo parezcan, Hay muchas cosas que todavía podemos hacer, recordemos que "Si alimentamos nuestra fe y nuestro espíritu, todos nuestros temores morirán de hambre" Nosotros sabemos cómo acaba la historia, está escrito por inspiración de Dios, y Él no se equivoca, y nosotros confiamos en Él y su fidelidad eterna. En algún momento perdimos el camino y olvidamos que tenemos una gran promesa: "¿No te lo he ordenado yo? ¡Sé fuerte y valiente! No temas ni te acobardes, porque el SEÑOR tu Dios estará contigo dondequiera que vayas".[129]

Porque así se pagaron todos nuestros pecados

"Jesús les dijo: Si fuerais ciegos, no tendríais pecado; pero ahora, porque decís, vemos, vuestro pecado permanece". [130]

---

129 Josué 1;9.
130 Juan 9;41.

La fe es "la certeza de lo que se espera, la convicción de lo que no se ve".[131] Y siempre habrá una salida, en el mundo actual todo se busca por medio de la tecnología, pues ahora solo tenemos que marcar. Jeremías 33-3 "Clama a mí, y yo te responderé, y te revelaré cosas grandes e inaccesibles, que tú no conoces. He aquí, yo soy el Señor, el Dios de toda carne, ¿habrá algo imposible para mí?".[132]

Seamos conscientes que, si buscamos la verdad y la encontramos, no deberemos de temer a ser derrotados, pues la verdad nos hace libres y nos protege.

No todo está perdido, si bien es verdad que en la vida enfrentaremos batallas físicas y espirituales, debemos afrontarlas con la actitud de un buen guerrero, no de pie y mirando al cielo, sino de rodillas y con los ojos cerrados. Así se vence a cualquiera. Porque así se abren los ojos y podemos ver el ejército que nos acompaña (como Eliseo en 2 Reyes 6;17).

---

131 Hebreos 11:1.
132 Jeremías 32:27.

La gracia de Dios

¡Sublime! Así se ha clasificado la gracia de Dios para el mundo. Desde su primera acción con el ser humano, el amor de Dios se fusionó con su creación. Así lo relata la biblia. El inmerecido favor de Dios para ayudar al ser humano a cumplir la ley. El llamado de Dios a ser salvos y santos. El amor manifiesto de Dios por su creación. Todo esto sin nombrar el alto costo que se pagó para que la gracia de Dios se manifestara en su máxima plenitud.

Porque la gracia de Dios está presente desde el principio, hasta el día de hoy. Proverbios:

> Este libro es un buen consejero para el ser humano, pues en él encontramos consejos para todo, incluyendo cómo educar y disciplinar a los hijos, el comportamiento con los padres, en los trabajos, la forma de buscar pareja, el trato al prójimo, como llevar nuestras relaciones con la sociedad, como ser un buen vecino hasta como evitar conflictos y chismes.[133]

Este es un libro lleno de sabiduría y además muy interesante, todos deberían de leer, pues además de ser una lección de vida es también un claro reflejo de la infinita gracia de Dios. "Porque nada podemos hacer contra la verdad, sino solo a favor de la verdad. Por lo demás, hermanos, regocijaos, sed perfectos, confortaos, sed de un mismo sentir, vivid en paz; y el Dios de amor y paz será con vosotros".[134]

---

133 El libro de consejería práctica.
134 2 Corintios 13-8.

Negarlo sería ignorarlo y la historia se seguiría repitiendo por la ceguera voluntaria. En la vida vamos de lo sublime a lo ridículo, por las imposiciones del sistema mundial que, en su lucha por alejarnos de Dios, nos obligan a ser y no ser, solamente a existir sin propósito. Así el mundo seguirá viviendo en una sociedad con una discreta **pero escandalosa estupidez humana.**

La pregunta es: tú, hermano(a), ¿qué estás dispuesto(a) a hacer al respecto?, ¿tienes el valor o te vale? Y recuerda que Dios nos bendice y nos bendice grandemente.

"La mejor manera de esconder algo a los ojos humanos es, ponerlo justo a la vista de todos".[135]

---

135   La carta robada. Edgar Allan Poe.

Te invito, a que esta sea tu gran declaración de fe:

El SEÑOR es mi pastor,
nada me faltará.
En lugares de verdes pastos me hace descansar;
junto a aguas de reposo me conduce.
Él restaura mi alma;
me guía por senderos de justicia
por amor de su nombre.
Aunque pase por el valle de sombra de muerte,
no temeré mal alguno, porque tú estás conmigo;
tu vara y tu cayado me infunden aliento.
Tú preparas mesa delante de mí en presencia de mis enemigos;
has ungido mi cabeza con aceite;
mi copa está rebosando.
Ciertamente, el bien y la misericordia me seguirán todos los días
de mi vida,
y en la casa del SEÑOR moraré por largos días.

AMÉN.

Referencias

1. Albert Cortina: Abogado y urbanista. Director del Estudio DTUM.

2. Albert Einstein: Premio Nobel de Física en 1921.

3. Ambrose Bierce: Diccionario del diablo. Disponible en https://www.biografiasyvidas.com/biografia/b/bierce.htm [fecha de acceso: 4 de abril de 2022].

4. Aristóteles.

5. Buda.

6. Cicerón en Filípicas XII.5.

7. Charles Chaplin.

8. Confucio.

9. Dan Millman.

10. Democritus.

11. Doris Lessing: Premio Príncipe de Asturias 201 y Premio Nobel de Literatura 2007.

12. El Discurso de Charles Chaplin, El gran dictador.

13. Epicteto.

14. Fiódor Dostoyevski, novelista ruso (1881).

15. Friedrich Nietzsche, filósofo alemán.

16. Gabriel García Márquez: Premio Nobel de Literatura.

17. George Bernard Shaw.

18. Ismael Mejía.

19. Jean de la Fontaine: Cuentista francés.

20. Jesús Pérez Gaona (Pito Pérez) de J Rubén Romero.

21. John Lennon.

22. John Locke.

23. Joseph Goebbels: Activista nazi.

24. José Zorrilla y Moral: Poeta y dramaturgo español.

25. J Rubén Romero: Escritor mexicano (Pito Pérez).

26. Jotônio Vianna: jotoniovianna.com.br.

27. La Carta Robada: Edgar Allan Poe.

28. La felicidad de Felipe Gil.

29. Marie Curie.

30. Martín López: Artista dibujante de este libro.

31. Martin Luther King.

32. Nick Bostrom (Niklas Boström en sueco): filósofo sueco de la Universidad de Oxford.

33. Oración de Joe Wright en la "Kansas House of Representatives".

34. Pitágoras.

35. Ramón Bayes: Dr. en filosofía y letras, sección de Psicología, Universidad de Barcelona.

36. Real academia de la lengua española.

37. REA.

38. Ricardo Arjona.

39. Serrat: Caminante no hay camino.

40. Sigmund Freud.

41. Slavoj Žižek: Filósofo esloveno.

42. Sócrates: Filósofo griego.

43. Swami Sivananda.

44. Tony Benn: Exparlamentario británico.

45. Yokoi Kenji: Conferencista colombiano de origen japonés.

46. «El enigma George Soros». La República. 22 de diciembre de 2018. Consultado el 20 de abril de 2020.

47. «Los engaños detrás de la Ideología de Género». diariouno.pe. 19 de febrero de 2017.

48. «El celo por tu Casa me consume». Autor: Pedro Sergio Antonio Donoso Brant.

49. https://www.advice.co.th/.

50. https://www.biografiasyvidas.com.

51. https://www.culturagenial.com.

52. https://www.diariouno.pe.

53. https://www.mundodeportivo.com.

54. https://www.upsocl.com.

55. Ipsos Perú: Marketing.

56. La felicidad de Felipe Gil.

57. La República.

58. Museo de la Paz en memoria de Hiroshima.

59. Paolo Vardiero.

60. Realizada por Century Fox y dirigida por Mike Judge.

61. Realizada por Ipsos Perú.

62. Texto bíblico Reina-Valera 1960- Sociedades Bíblicas de América Latina-1960 derechos renovados 1988 Sociedades Bíblicas Unidas.

63. Uploaded by Marcelo Molina Replying to @cristianosthingand @bendición

Para ti:

Que te has atrevido a leer, y acompañarme en este viaje.
Gracias de corazón y con el amor de Cristo.

"El hombre es producto de circunstancias, dime de dónde vienes
y cuál es tu información y te diré tus circunstancias".[136]

136 Swami Sivananda.

ÍNDICE

Made in the USA
Columbia, SC
11 September 2024

41672265R00083